당당함을
키워주는
말

당당함을 키워주는 말

펴낸날 2018년 2월 12일

지은이 김미진
펴낸이 주계수 | **편집책임** 윤정현 | **꾸민이** 전은정

펴낸곳 밥북 | **출판등록** 제 2014-000085 호
주소 서울시 마포구 월드컵북로 1길 30 동보빌딩 301호
전화 02-6925-0370 | **팩스** 02-6925-0380
홈페이지 www.bobbook.co.kr | **이메일** bobbook@hanmail.net

© 김미진, 2018.
ISBN 979-11-5858-379-8 (03190)

※ 이 도서의 국립중앙도서관 출판시도서목록(CIP)은 e-CIP 홈페이지(http://www.nl.go.kr/cip)에서 이용하실 수 있습니다. (CIP 2018004052)

당당함을 키워주는 말

자신감 있게 말하는 법

김미진

말의 힘은 어디서 오는가?
한마디의 말로 세상을 움직일 수 있다!
당당함으로 무장할 때 말의 무게가 달라진다!

밥북
BOOK

"당당하고 자신감 있게 말하자"

말이 가진 힘은 크고 세다. 물론 어떤 이의 말은 약하고 작기도 하다. 스피치 강사로서 많은 사람들을 만나며 말에 대한 고민을 상담하게 되었다. 그러면서 느끼는 것이 말을 잘하고, 자신의 의사를 잘 전달하며, 타인을 말로 설득하는 힘은 외모나 지위, 권력 같은 것들보다는 그 사람이 가진 내면에 자신감이 충만한가 그렇지 않은가에 의해 많이 좌우된다는 것을 알게 되었다. 누가 보아도 남부럽지 않은 지위와 외모를 가진 사람도 자기 내면에 콤플렉스와 자신에 대한 부정적 이미지가 가득할 때 타인과의 만남에서 눈치를 보고 자신감 없는 목소리로 다가선다는 사실을 발견할 때가 종종 있다. 그와 반대로 잘생긴 외모도 아니고 높은 지위를 가진 사람도 아니지만 당당하고 자신감 있고 예의바른 태도로 임하는 사람의 말에는 누구나 귀를 기울이게 되어있다.

결국 내가 하는 말이 힘이 있고 타인의 마음을 움직일 수 있으려면 나의 외모와 재산, 학력 등 물질적 조건을 키우기 위해 노력하기보다는 자기 내면의 작은 나를 큰 나로 만들 수 있도록 당당함으로 채우는 노력이 먼저다.

이 책은 말하기에 대한 책이다. 그럼에도 불구하고 마음에 대한 내용을 앞부분에 쓰게 되었다. 그것은 자신감으로 무장하지 못한 어떤 말도 다른 사람에게 긍정적인 영향을 줄 수 없다는 그동안의 믿음 때문이다. 말은 그 사람의 내면의 모든 것이 드러나는 것이다. 아무리 멋진 외모를 가진 사람도 몇 번 만나서 대화를 해보면 실망하기도 하고 다음번에는 만나고 싶지 않은 경우가 있다. 그것은 그 사람이 외모에만 신경을 쓴 나머지 내면을 조율하는 훈련을 게을리한 탓이라 할 수 있다.

하지만 그런 사람일지라도 자신의 장점과 단점을 파악하여 강점을 극대화하고 생각하는 습관을 긍정적 방향으로 훈련해 나간다면 시간이 흐른 뒤 다시 만났을 때 그 사람의 말에 빠져들어 다시 만나고 싶은 사람으로 변모할 수 있다. 그래서 생각과 태도 등에 관한 내용을 그 다음에 배치하였다.

말은 입으로 머리로 표정으로 생각으로 몸짓으로 다양하게 표현된다. 입을 통해서만 하는 것이 아니다. 온몸으로 말한다는 표현이 더 정확할 것이다. 그러므로 자신의 몸으로 의사 표현을 더 잘하기 위해서는 몸을 잘 사용할 줄 알아야한다. 여기에는 훈련이 필요하다. 적절한 스킬을 익힌다면 마음과 몸이 잘 결합하여 최고의 말이 나오게 된다. 그래서 후반부에는 말하기 기술에 대한 내용을 중심으로 엮었다. 그리고 마지막 장에는 회의나 강의 등 여러 사람 앞에서 말할 때 어떻게 나설 것인지 다양한 상황에 대한 실전 말하기 내용을 담았다.

당당하게 자신을 표현하는 사람은 매력적이다. 현대인들은 누가 더 매력적인가를 경쟁하고 있으며, SNS에서도 자신의 매력을 뽐내기 위해 온갖 노력을 하고 있다. 하지만 내 말의 품격을 올리기 위한 노력을 게을리한다면 밖으로 드러나는 매력도 반감될 수밖에 없다. 몸매와 외모를 가꾸기 위해 하는 노력의 반 정도만 내 말의 힘을 키우는 데 써보자. 내면의 자신감이 나의 표정과 말에 드러나도록 노력해보자.

이 책은 그동안 강의 현장에서 많은 분들을 만나고 상담하면서 느꼈던 내용들을 바탕으로 기술하였다. 말은 단순한 스킬보다는 자신감과 당당함으로 자기 자신을 무장할 때 더 큰 힘을 발휘할 수 있다. 이 책을 통해 많은 분들이 말의 힘을 되찾고 자신감 있고 당당하게 세상과 소통하게 되기를 기원한다.

2018년 2월 김미진

1장 | 나는 당당한 사람인가

4장 당당함을 키워주는 몸 언어

5장 자신의 가치를 높이는 화법

6장　실전 자신감 스피치

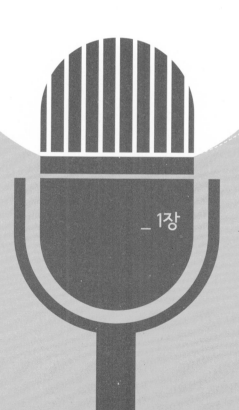

나는
당당한 사람인가

_1장

성공하는 사람은
자신을 믿는다

내 자신에 대한 자신감을 잃으면, 온 세상이 나의 적이 된다.

－ 랄프 왈도 에머슨

가장 용감한 행동은 자신을 위해 생각하고 그것을 외치는 것이다.

－ 가브리엘 샤넬

남들이 당신을 어떻게 생각할까 너무 걱정하지 말자. 남들은 당신에 대해 그렇게 많이 생각하지 않는다. 당신이 동의하지 않는 한 이 세상 누구도 당신이 열등하다고 느끼게 할 수 없다.

－ 엘레노어 루즈벨트

비관론자는 어떤 기회가 찾아와도 어려움만을 보고 낙관론자는 어떤 난관이 찾아와도 기회를 바라본다.

－ 윈스턴 처칠

스스로 자신을 존경하면 다른 사람도 그대를 존경할 것이다.

－ 공자

위에서 언급한 명언 말고도 자신감에 관한 명언은 수없이 많다. 그만큼 자신감의 중요성은 아무리 말을 해도 부족한 것이다.

'그때 내가 조금만 더 자신감이 있었더라면' 생각하는 사람들이 많을 것이다. 그랬으면 열정적이던 그 일에 실패해도 다시 도전했을 것이고, 실수로 멀어졌던 그 사람과도 더 잘 지낼 수 있었을 것이며, 사랑하던 이성도 그렇게 떠나보내지 않았을 것이다. 그런 생각을 하다보면 왜 나는 자신감이 부족할까 하는 생각에 자신을 책망하곤 한다.

[근거 있는 자신감과 근거 없는 자신감]

자신감에는 두 가지가 있다고 하는데 '근거가 있는 자신감'과 '근거가 없는 자신감'이다. 근거는 없지만 "나는 무엇이든 할 수 있다."며 자신을 믿고 도전하여 새로운 기회를 얻다보면 자연스레 근거가 있는 자신감을 가질 수 있다.

일본의 뇌과학자인 모기 켄이치로 박사는 근거 없는 자신감을 가진 사람은 노력으로 그것을 증명하려고 하기 때문에 '근거 없는 자신감'을 가져야 한다고 특히 강조했다. '근거 없는 자신감'이 없으면 노력을 하려는 의욕 자체가 생기지 않아서 일단 도전해보자는 생각을 하기 힘들다는 것이다.

사실 인간은 누구나 태어날 때부터 근거 없는 자신감을 가지고 세상에 나온다. 아무것도 모르는 세상에 태어나서 모유를 먹고, 젖병을 빨고, 기어 다니고, 걸어 다닐 수 있는 것이 그 이유라고 한다. 만약 그런 자신감이 없었다면 아무것도 하지 못한 채 세상에서 사라져 버리고 말았을 것이다. 하지만 뭘 믿고 그랬는지 알 수 없지만 막연한 자신감을 갖고 세상에 발을 내디딘 결과 이렇게 온전한 모습으로 잘 살아갈 수 있게 되었다.

그런데 이렇게 자신감으로 충만하게 태어난 우리에게 학교는 성적으로 비교하고, 사회는 외모나 스펙으로 차별하며, 완벽주의 등을 추구하며 '근거 없는 자신감'을 빼앗아 버리고 만다.

근거 없는 자신감은 세상을 살아가는 최소한의 밑천이라고 할 수 있다. 그걸 빼앗긴다면 우리는 세상에서 더 이상 설 자리가 없다.

물론 근거 없는 자신감만으로 세상을 살아갈 수는 없다.

"나도 언젠가는 부자가 될 거야", "이번에는 꼭 전교 1등을 할 거야"라고 말만 하면서 노력을 하지 않는 사람들이 있다. 그것은 자신의 꿈을 진심으로 믿지 않는다는 것이고 사실은 도전할 생각도 확신도 자신감도 없다는 것이다. 노력도 없이 막연히 잘 될 거라고 믿기만 해도 이루어진다면 이 세상은 부자로 넘쳐나고 학교는 우등생으로 넘쳐날 것이다.

자신감이 있는 사람은 노력으로 그것을 증명하려고 한다. 천재라 불리는 사람들도 자세히 들여다보면 다른 사람들이 상상하지도 못했던 노력을 했던 사람들이다. 근거 없는 자신감을 근거 있는 자신감으로 만들려고 노력한 것이다. 노력이라는 근거는 자신감을 강화시킨다.

우리 주변을 보면 다른 사람과 비교하며 자신을 평가하는 경우를 많이 볼 수 있다. 내 친구는 나보다 시집을 잘 갔다든지, 더 좋은 집에 살고 있다든지, 더 잘생겼고, 나보다 좋은 직장에서 더 잘나가고 있다는 식이다. 나보다 더 잘난 친구와 비교를 하며 스스로를 낮추는 경향이 많다. 물론 나도 그런 경험이 있다. 나보다 잘난 친구와 비교하면 나를 좋게 평가하지 않게 된다. 그러는 과정에서 자신감은 당연히 낮아지게 된다. 인생을 살면서 중요하다고 생각하는 것이 여러 가지가 있겠지만 그중 자신감은 단연 최고로 중요하다.

직장에서의 행동에서 자존심 결여보다는 과잉된 자신감이 오히려 더 좋다고 하는 심리 연구 결과가 있다. 실질적인 업무 능력이 같다고 가정할 때 자신감이 떨어져서 부정적으로 자신의 능력을 믿지 못하는 사람보다는 자신감이 넘쳐 조금은 교만하게 보이더라도 그런 사람이 오히려 나중에는 긍정적인 영향으로 더 좋은 결과를 만들어 낸다고 한다. 앞에서 설명한 근거 없는 자신감이 필요하다는 말과도 일맥상통하겠다.

유명한 최고의 골퍼 아널드 파머는 아무리 제대로 된 스윙을 하는 사람이라도 자신의 스윙에 확신이 없다면 자신감 있는 골퍼에게 질 수밖에 없다고 했다. 완벽한 스윙을 가지고 있더라도 자신감이 없을 경우 터무니없는 경기 결과를 낼 수가 있고, 같은 실력을 가지고도 자신감의 유무에 따라 결과는 극과 극으로 나타난다고 한다.

나도 강의를 하면서 특별한 내용이 없는데도 집중을 시키며 청중을 사로잡을 때가 있었고, 정말 몇 날 며칠을 새워 준비한 멋진 내용인데도 시큰둥한 반응에 어려워한 적이 있었다. 청중의 문제일 수도 있겠지만 내가 자신감이 충만한가 그렇지 않은가가 중요한 이유였던 것 같다.

어느 날 강의를 하는데 청중 가운데 유난히 나의 시선을 피하고 근처로 가면 고개를 돌리는 무뚝뚝한 표정을 짓는 분을 만난 적이 있다.

'내가 그렇게 마음에 들지 않을까?'

'내가 보기도 싫으신 걸까?'

당시 강의 경험이 많지 않았기 때문에 더욱더 신경이 많이 쓰였다.

'내가 초보 강사인 게 확 느껴지셨나 보다'

'지난번 강의는 자연스럽게 잘했는데 오늘은 말도 꼬이고 더듬는 것 같다'

이런 생각을 하다 보니 강의가 잘 될 리가 없었다.

그러자 다음번 강의는 정말 가기가 싫었다. 분명 지난번 강의처럼 실패할 게 뻔하기 때문이었다. 두 번째 강의를 갔을 때 그분이 계시기에 직접적으로 여쭤보기로 했다.

"선생님은 제 강의가 그렇게 마음에 안 드셨어요? 지난 시간에 저를 막 피하시는 것 같아서요"

"아니요, 그럴 리가요. 진짜 재미있었고요. 제가 술을 먹고 와서 티가 날까 봐 피했었어요."

그 말씀을 듣자마자 안도의 한숨을 쉬고, 동시에 자신감이 업되면서 그날 만족할 만한 강의를 할 수 있었다. 지난 시간보다 많은 자료를 준비하지 않았음에도 훨씬 더 알차고 성공적인 강의를 했다.

　이처럼 자신감은 어떤 일을 할 때 더 나은 실력을 발휘하게 하고 나를 돋보이게 해주는 것이다. 아무리 실력이 뛰어나더라도 자신감이 없으면 그 실력은 묻혀버리고 말 것이다. 자신감이 중요한 이유는 아무리 강조해도 부족함이 없다.

자신감이란
무엇인가

우리가 평소에 별 생각 없이 쓰고 있는 자신감에 관련된 말 중에는 자신감, 자존감, 자존심 등이 있다. 이 단어들은 한 글자씩 다르지만 완전히 다른 뜻을 가지고 있다. 정확히 어떤 뜻인지 정의 내릴 수 없다고 하더라도 어떤 상황에서 사용을 하는지는 구별할 수 있을 것이다.

예를 들어 상대방에게 모욕적인 말을 들었는데도 가만히 있는 사람이 있다면 "넌 자신감도 없냐" 가 아니라 "넌 자존심도 없냐"라는 말을 한다. 달리기 경주를 앞두고 긴장하고 있는 친구에게는 "자존감을 가져"라 하지 않고 "자신감을 가져"라고 말한다.

[창과 방패]

이처럼 얼핏 보면 비슷한 것 같지만 완전히 다른 자신감과 자존심, 자존감의 차이점을 알아보자.

자신감은 창에, 자존심은 방패에, 자존감은 창과 방패로 지켜진 존재 자체에 비유를 하면 쉽게 이해할 수가 있다.

먼저 자신감(自信感)은 어떤 일을 스스로의 능력으로 충분히 감당할 수 있다고 믿는 마음으로, 남에게 굽히지 않고 도전하고 싸울 수 있게 한다. 즉, 타인과의 경쟁 속에서 얻는 긍정이라고 할 수 있겠다. 타인과 비교하여 얻는 마음이기 때문에 타인의 상황에 따라 변할 수가 있다.

자존심(自尊心)은 남에게 굽히지 않고 자신의 몸가짐을 스스로 높이고 지키는 마음으로, 다른 사람의 모욕이나 불의로부터 자신을 지키려는 마음이다.

만약 자존심 없이 자신감만 가득 차 있다면 아무런 내실 없이 창만 휘두르는 꼴로 자신감을 잃으면 금방 무너지고 만다. 반대로 자신감 없이 자존심만 있다면 앞에는 나서지도 못한 채 뒤에서만 불평불만에 큰 소리를 치는 것으로 끝나고 만다.

자존감(自尊感)은 자신감과 자존심의 기반으로 스스로를 귀하게 여기고 자신을 사랑하는 마음을 말한다. 자신을 가치 있는 사람이라 생각하고, 어떤 어려움도 이겨낼 수 있다고 확신하는 감정이다.

흔히 자존감이 높은 사람은 자신을 귀한 존재로 생각한다. 그뿐만 아니라 다른 사람 또한 귀한 존재로 대하고 존중하기 때문에 주변 사람과도 잘 지낸다. 또한 역경 앞에서도 자신감을 잃지 않고 자신을 재정비한다. 반대로 자존감이 낮아서 자신을 무시하고 부정하려고 하는 사람들은 다른 사람도 무시하면서 함부로 대하게 된다. 그리고 다른 사람들의 충고와 조언도 비난으로 받아들이고 나쁜 자존심만 세우면서 분노를 하게 된다. 자존감은 자기 자신에 대한 평가와 믿음이기 때문에 자신감과는 다르게 주변 사람이나 상황에 흔들리지 않고 유지할 수가 있다.

[자신감으로 대중 앞에 서다]

"1%의 재능과 99%의 자신감으로 카네기 홀에 서다."라는 포스터 카피에 끌려서 보게 된 영화가 있다. 역사상 최악의 음치 소프라노 플로렌스 이야기인데 실화라고 해서 더 기억에 남는 영화이다. 시간 가는 줄 모르게 코믹한 구성과 좋아하는 영화배우의 연기도 모두 좋았지만 포스터에서 본 글귀가 가장 마음에 들었다. 이 영화는 음치 소프라노인 플로렌스가 자신이 음치인 줄도 모른 채 수많은 공연을 하게 되고 세계 최고의 공연장 카네기홀에서 공연까지 하게 되는 이야기이다. 플로렌스는 실제로 음악계 후원자였기 때문에 많은 음악가들이 후원을 받기 위해 몰려들고 소프라노로는 자격미달인 그녀에게 찬사의 박수를 보낸다. 플로렌스는 이들의 박수갈채에 현혹되어 음반을 내고 공연까지 하게 된다.

플로렌스를 돈을 이용해서 자신의 음악과 명성을 샀다는 속물적인 관점으로 봐서는 안 될 것 같다. 그녀가 공연을 위해 체력이 다할 때까지 연습을 하고, 공연 전 떨리는 마음을 부여잡고 어쩔 줄 몰라 했던 모습이 충분히 공감이 되었기 때문이다. 실제 플로렌스는 음악에 소질이 없었지만 32년을 활동하고 사람들의 반응에 크게 신경 쓰지 않으면서 자신감으로 활동했다고 하니 진심으로 대단한 사람이라고 말하고 싶다. 특히 대중 앞에서 말을 해야 하는 강사라면 더 가슴에 새겨야 할 일이다.

이처럼 자신감은 실력이 부족한 상황에서도 도전할 수 있는 용기를 주는 것이다. 우리는 1%의 재능과 99% 자신감으로 무엇을 할 수가 있을까? 아니, 해볼까? 지금부터 천천히 생각해보자.

3 자신을
믿지 못하는 사람들 ....

"우리는 꾸준한 마음, 무엇보다도 스스로를 믿는 마음이 있어야 한다. 재능은 어떤 일을 완성하라고 하늘에서 내려준 것이다. 그렇기에 우리는 어떤 대가를 치러서라도 우리에게 맡겨진 일을 해내야 한다."

여성 최초 노벨상 수상자이며 최초의 모녀 노벨상 수상자이기도 한 퀴리 부인의 말이다.

'나는 너무 못생겼어.'
'나는 좋은 학교도 졸업하지 못했잖아.'
'우리 부모님은 부자도 아니잖아.'
'그건 내가 할 수 있는 일이 아니야.'
'나는 흙수저라서 안 돼.'

어떤 일을 시작하기도 전에 혹시 이런 생각들로 자신의 발목을 잡고 있지는 않은가? 시도도 해보기 전에 스스로 자신을 믿지 못하고 밀어내고 있지는 않은가? 아기가 걷기까지 걸음마 연습을 하는 동안 이만 번이 넘게 넘어진다고 한다. 이만 번 넘어지고 이만 번 재도전을 해야 비로소 걸음을 걸을 수가 있다고 한다. 무슨 일이든 처음부터 잘하는 사람은 없다. 그런데 자신에 대한 믿음이 없다면 도전을 계속할 수가 없을 것이고 결국은 실패로 끝나고 만다.

[나를 믿고 한 번 더 도전했더라면]

나는 살면서 뉴스에 출연할 기회가 몇 번이나 있었다.

첫 번째는 중학교 시절 수련회에 갔을 때이다. 그때 수련회에 와서 느낀 점을 학교 대표로 인터뷰를 하게 되었다.

"학교를 떠나 친구들과 선생님과 함께 수련회에 와서 정말 즐겁습니다. 밖에서 운동도 하고 놀이도 하고 정말 즐겁습니다. 학교에서의 배움도 중요하지만 학교 밖에서 배움도 참 소중하고 즐거운 것 같습니다."

뭐가 그렇게도 즐거웠는지 나는 즐겁다는 말을 수십 번 반복했다. 그날 밤 가족들은 내 모습을 보기 위해 TV앞에 둘러앉았다. 하지만 얼마 되지 않아 기대는 실망으로 바뀌고 말았다.

몇 십 분이나 촬영했던 내 모습은 온데간데없고 뒷모습만 아주 잠깐 나오고 말았던 것이다. 지금 생각해봐도 그때 얼마나 긴장을 했던지 콩

닥거렸던 느낌이 아직도 남아있다.

내가 졸업한 중학교는 여중으로 졸업식 때 졸업생 전체가 한복을 입고 모든 졸업생이 상을 받았다. 그때 나는 봉사상을 탄 학생들의 대표로 인터뷰를 했다.

"아무래도 제가 실장이다 보니 남들보다 봉사할 기회가 많았던 것 같습니다. 이렇게 의미 있는 졸업식에 봉사상을 대표로 받게 되어서 정말 의미 있고 뜻깊고 행복합니다."

두 번째 나의 인터뷰도 모두 편집되었다. 내가 단상에 올라가 상을 받았던 뒷모습만 살짝 나오더니 인터뷰는 역시 방송되지 않았다.

그 이후로 나는 인터뷰에 대한 자신감이 완전 바닥으로 떨어졌고 앞으로 누가 인터뷰를 하자고 해도 절대로 안 하겠다고 굳게 다짐을 했다.

지금 생각해보면 내 인터뷰들은 편집될 만한 모든 조건을 완벽히 갖추었던 것 같다. 카메라를 의식하며, 긴장한 모습으로 어색한 미소로 말을 더듬었고, 앞뒤 맥락 없이 같은 말을 반복했으니까.

20대 초반에 신발을 사러 갔다가 또 인터뷰할 기회가 있었다. 그 당시는 플랫슈즈라고 불리는 굽이 아주 낮은 신발이 한창 유행이었던 때다. 너무 낮은 신발 굽은 잠깐은 편한 것 같지만 오랜 시간 신고 활동을 하다 보면 오히려 발이 불편하고 신체적으로도 좋지 않은 영향을 준다는 내용이었다.

"제가 인터뷰하면 어차피 편집돼서요. 전 절대 인터뷰 안합니다. 전 말도 진짜 못하거든요."

담당자가 볼 때는 말을 잘하는 것 같다며 편하게 카메라를 보지 말고 지금처럼 이야기를 해달라고 몇 번이나 부탁을 했다. 하지만 나는 끝까지 넘어가지 않았다.

그 이후로 나는 남들 앞에서는 말 못 하는 사람. TV에는 절대 못 나오는 사람, 카메라 앞에서는 횡설수설 한소리 또 하고 또 하는 사람이라고 스스로 결정지어 놓고 밖으로 나갈 생각 자체를 하지 않았다. 그때 내가 나를 한 번 더 믿고 도전을 했더라면 지금보다 훨씬 더 넓고 큰 무대에서 더 멋지게 서 있을 수도 있지 않을까?

[먼저 자신을 신뢰하라]

성공의 아이콘 스티브 잡스는 태어나자마자 바로 양부모에게 입양되었고 산업단지의 주택가에서 유년 시절을 보냈다. 전자분야에 관심을 가진 잡스는 대학에 입학했지만 틀에 박힌 공부에 회의를 느끼고 한 학기 만에 자퇴를 했다. 나태하고 책임감이 없어서가 아니라 자신만의 공부방식과 맞지 않아서라고 했다. 이후 전자게임 회사에서 일하다가 얼마 지나지 않아 그만두고 워즈니악과 공동으로 애플사를 설립한다. 아주 작은 차고 안에서 최초의 개인용 컴퓨터를 내놓았고 후속작도 성공을 거두며 승승장구했다. 하지만 회사를 위기에 빠트린 사람으로 지목되어 자신이 세운 회사에서 해고를 당하게 된다. 회사를 떠난 잡스는 악조건 속에서도 뛰어난 사업 감각을 발휘하며 다시 애플의 CEO로 복귀를 하게 된다. 복귀하자마자 신기술, 신제품 부서에서 진행 중이던 제품 개발 계획을 몽땅 폐기시켜버린다.

직원들의 항의가 빗발치자 'Think different(다르게 생각하라!)' 두 단어로 임직원들을 침묵시킨 일화는 유명하다. 이후 아이팟, 아이폰, 아이패드로 이어진 혁신이 시작된다. 결국 스티브 잡스는 자신의 예술적 창조적 역량을 발휘해 IT 트렌드를 선도하며 디지털 시대의 대표적인 인물로 기억되고 있다. 스티브 잡스가 자신의 능력을 믿지 못하고 그저 주어진 일에 수긍하며 살았더라면 세상에 아이폰은 절대 존재할 수 없었을 것이다.

성공한 사람의 특징을 살펴보면 자신의 능력을 믿고 소신 있게 나아가고 있다. 그래서 그 믿음으로 실패를 해도 계속 도전을 할 수가 있는 것이다. 자신이 이루고자 하는 꿈이 있다면 그 꿈을 이루기 위한 첫 번째는 바로 자신을 신뢰하는 것이다. 자신의 현재 모습을 믿고 미래의 가능성을 믿고 용기를 내 보자.

당신을 믿어라, 당신은 충분한 능력이 있는 사람이니까.

4 실패를
어떻게 볼 것인가

'실패를 두려워하는 사람은 아무것도 할 수가 없다.'

언제부터였는지, 누가 가르쳐주었는지, 어디서 읽은 글귀인지는 모르겠지만 학창시절부터 내 좌우명으로 자리 잡고 있는 문구다. 이 좌우명을 가슴 깊이 새기며 살면서 그동안 나는 실패에 대해 어떻게 대처하고 살았는지 곰곰이 생각해보았다.

대부분의 사람들이 그랬겠지만 나 역시 성적, 사랑, 일, 건강, 나와의 약속, 다짐 등 수많은 곳에서 실패를 거듭하고 살았다. 학창시절에는 생각만큼 성적이 오르지 않아서 괴로워했고 원하는 대학교에도 진학할 수가 없었다. 또 좋아하던 이성에게도 거절을 당했고, 꼭 들어가고 싶었던 직장에도 들어가지 못했으며, 운동을 하려고 마음먹었을 때는 항상 작심삼일로 끝이 났다. 사회에 나와서 당차게 시작했던 나의 첫 사업도 실패였다.

[처음부터 성공한 사람이 어디 있겠어]

'회사에만 다니고 주어진 일에만 안주한다면 절대 발전할 수 없어!'

열심히 회사에 잘 다니고 있던 나는 스스로를 채찍질하며 새로운 일에 도전했다. 중국어도 모르고 장사 한번 해본 적 없던 내가 중국에서 물건을 가져와서 판매해 보겠다는 꿈만 가지고 무작정 중국에 갔다. 중국 도매시장에 가보니 괜찮은 상품들이 생각보다 훨씬 저렴한 금액이었다. 워낙에 저렴해서 물류비를 빼고도 꽤 수입이 많을 것 같았다. 첫 도전하는 나에게는 저렴한 대신 주문 수량이 부담으로 다가왔지만, 그동안 회사에 다니며 모은 돈은 이럴 때 쓰는 거라며 흔쾌히 투자하기로 했다.

그 당시 3월에 중국에 가서 제작기간을 고려하여 여름 아이템을 준비했기 때문에 바캉스에 꼭 필요한 수영복과 비치볼 등을 주문하고 왔다. 샘플을 가지고 와서 사진을 찍고 상품 상세페이지를 만들었다. 제품만 도착하면 금방 돈을 벌 수 있겠다는 큰 기대를 안고 도착하는 날만 목이 빠지라 기다렸다.

드디어 주문한 제품이 배송되는 날, 배를 타고 오느라 여기저기 더러워진 박스를 사랑스럽게 어루만지며 개봉한 순간! 샘플과는 너무나 다른 품질의 상품들을 보며 입을 다물 수가 없었다. 어렵게 현지공장에 문의를 해보았더니 내가 너무 저렴한 제품을 골랐기 때문에 품질은 그럴 수밖에 없다고 했다. 게다가 반품도 교환도 안 된다는 말도 안 되는 답변만 돌아왔다.

내가 주문했던 섹시한 비키니 수영복은 어디에도 없었다. 가장 큰 문제점은 양쪽이 짝짝이라는 점인데 한쪽은 A컵, 다른 한쪽은 B컵이다. 그런 여자가 어디 있으며 혹시 있다고 하더라도 누가 그렇게 입겠냐는 말이다. 더 가관은 물에 들어갈수록 끈이 미끌미끌해지면서 풀려버리는 것이었다. 이 글을 읽고 계시는 독자님들, 흐뭇한 미소를 지으며 상상하지는 마시라.

야심 차게 도전한 나의 첫 사업은 이렇게 쫄딱 망하고 말았다. 나중에 새로운 돌파구를 찾아서 어느 정도 만회는 했지만 그래도 결론은 망했다. 새로운 돌파구는 편법이라 책에서는 설명을 하지 못하니 혹시라도 궁금한 분이 있다면 개인적으로 연락하시길 바란다.

지금까지 잘못을 하면 누군가에게 야단을 맞았다. 가정에서는 부모님이, 학교에서는 선생님이, 회사에서는 상사가 꾸지람을 하지만 나의 잘못에 대한 책임을 그들이 대신하기도 했다. 그때까지 내가 어떤 실수를 저질렀을 때 전적으로 내가 책임을 졌던 적은 한 번도 없었던 것 같다. 하지만 이번에는 달랐다. 내가 선택한 일에 결정도 책임도 모두 내 몫이었다.

내가 결정하고 책임지는 것이 그렇게 마냥 자유롭고 행복하지는 않았다.

한동안 나는 운도 없고 멍청하고 무능력한 사람이라는 생각에 스스로를 무시하고 원망하며 잠을 이루지 못했다. 자려고 누우면 어렵게 모은 나의 돈을 불량제품들을 사는 데 다 날려버렸다는 생각에 화가 나고 짜증이 나서 도저히 잠을 이룰 수가 없었다.

하지만 그렇게 잠을 설치면서도 두 번째 프로젝트를 기획하고 있는 나를 발견했다.

'처음부터 성공한 사람이 어디 있겠어, 나 정도 되니까 이만큼 한 거지. 이 정도는 별로 손해도 아니잖아.'

사실 다시 생각해보면 실패한 것도 아니었다. 그 속에서 많은 걸 느끼고 배웠기에 수업료가 그 정도면 나쁘지는 않았다. 이렇게 생각하고 또 다시 도전을 할 수가 있었다. 그때 그렇게 도전하지 않았다면 지금의 나는 존재하지 못했을 것이다.

[실패에 익숙해져야 한다]

하루에 25조원을 벌어들인 중국의 알리바바 그룹의 회장 마윈은 실패를 가장 많이 한 사람으로도 유명하다. 그는 초등학교 시험에 두 번이나 낙제를 했고 중학교 시험에도 세 번 낙제, 대학교도 삼수를 했다고 한다. 대학을 졸업한 이후 30번 이상의 일자리에 지원했지만 모두 떨어졌다. 5명 중 4명이 붙는 경찰 시험 역시 혼자 떨어졌었고, 또 24명 중 23명을 뽑는 회사에서도 혼자 탈락을 했었다고 한다. 또 하버드 대학 입학을 위해 10번을 지원했지만 매번 거절당했다. 알리바바를 설립한 후에도 그는 실패를 거듭했다. 1999년 설립 이후 처음 3년 동안은 수익이 없었고 파산 직전까지 몰리기도 했다.

마윈은 어느 강연에서 "실패에 익숙해져야 한다."고 했다. 그는 무(無)에서 유(有)를 창조한 전형적인 인물이다. 그는 거듭된 실패에도 불구하고 계속해서 도전해서 기적적인 승리를 일궈냈다. 초기의 거듭된 실패가 꿈을 달성하는 것을 결코 막지는 못했다. 마윈이 언급한 것처럼 포기하지 않는다면 여전히 기회는 있다. 포기하는 것이 가장 큰 실패이다. 작은 일도 시작을 해야 위대한 일도 생기는 법이다. 실패를 더 이상 부정적으로만 보지 말자. 실패와 성공은 부모님과 자식들의 관계처럼 함께 공존하는 것이니까.

앞으로 여러분은 실패를 어떻게 받아들일 것인가?

5 나를 아는 것이 먼저다

나를 아는 방법에 관한 책을 읽은 적이 있다. 아주 오래전이라 정확하게 제목이 기억이 나지는 않지만 별자리, 손금, 서체 분석을 통해서 자신의 장점과 단점, 자기 자신의 성향을 알아보는 책이었다. 이 책이 아니더라도 그동안 별자리나 혈액형, 띠 등으로 내가 왜 그런 식으로 말하고 행동하는지에 대한 해답을 찾으려고 노력한 적이 있다.

그렇게 찾은 나만의 성향들을 찾아보면서 이래서 내가 그랬구나, 나는 그런 스타일이구나, 대단한 것을 발견한 것처럼 신나했지만 잠시 흥미로웠을 뿐 별로 신뢰하지는 않았다. 하지만 그런 것들로 통해 나를 알고 장점을 발견하면 그것을 키우도록 노력하고, 단점을 발견하면 고치도록 도움을 주는 것이라 생각하면 좋을 것 같다.

[세상에 나서려면 먼저 나를 알아야]

자신감과 당당함으로 세상에 나서려면 먼저 나를 아는 것이 중요하다. 나를 알고 나의 장점과 강점을 극대화 시킬 때 원하는 목표를 더 잘 이룰 수 있다.

나를 알려면 기본적으로 나의 조건, 성격, 능력, 그 일과 관련한 인간관계 등을 비롯해 세세한 것까지 나를 객관적으로 알려는 노력의 시간을 거쳐야 한다. 추상적인 관념을 넘어서 상당히 객관적이고 구체적으로 나를 알려고 노력해야 한다.

내가 상당한 어려움에 처하거나 중요한 일을 할 때 객관적으로 나를 잘 아는 분이 나를 평가해준다는 기분으로 나를 바라본다면 내가 어려움을 극복하거나 중요한 일을 성취하는 데에 무난하리라고 생각한다.

나는 욕심이 많고 하고 싶은 것도 참 많다. 뛰어나게 잘하는 것은 없지만, 그렇다고 못 하는 것도 없다. 목표가 생겼을 때는 끝을 봐야 직성이 풀리는 성격으로 일이든, 인간관계든, 어떤 상황이든 맺고 끊기를 확실히 한다. 사람을 잘 믿진 않지만 한번 믿은 사람에게는 끝까지 충성을 다하며 의리를 보인다. 하지만 진심이 아니었던 사람에게는 세상 누구보다 차가워지는 사람이기도 하다. 실패에는 별로 신경 쓰지 않고 도전하고 시도하는 것을 즐긴다.

나를 아는 건 매우 가치 있는 일이다. 이 세상은 나의 마음과 생각에 따라 달라지는 것이기 때문이다. 나를 잘 안다고 하는 사람들은 아주 많다. 하지만 나를 제일 잘 알고 있는 사람은 바로 '나'다. 나를 객관적으로 바로 알아야 무엇을 고치고 무엇을 해야 할지 분명해질 것이다. 나를 제대로 알아야 세상을 균형 잡힌 눈으로 볼 수 있고 내 상처를 알아야 남의 상처도 보듬을 수 있으니 말이다.

〈손자병법〉은 인류 최고의 병법서로 통한다. 손자병법 모공 편에서 적을 알고 나를 알면 백 번 싸워도 위태롭지 않다고 하였으며(知彼知己 百戰不殆), 적을 알지 못하고 나를 알면 한 번 이기고 한 번은 지며, 적도 모르고 나도 모르면 싸울 때마다 반드시 위태롭다고 했다.

이 책에서 가장 유명한 구절은 "적을 알고 나를 알면 백번 싸워도 위태롭지 않다."는 대목이다. 중국 혁명가 모택동이 가장 좋아한 구절이기도 하다. 그는 공산당 정부를 수립한 뒤 서양 정치인들을 만나 글을 써줄 때 이 구절을 많이 인용했다고 한다. 상대방과 나를 아는 지피지기, 사람들은 일반적으로 지기보다는 지피에 더 관심이 많다. 사업을 하든 공부를 하든 경기를 하든, 우선 상대방을 분석하기에 바쁘다. 마치 상대방을 파악하고 나면 게임에서 쉽게 이길 것으로 여긴다. 나를 아는 것은 전혀 문제로 생각하지 않는다. 자신에 대해서는 매우 잘 알고 있다고 여기는 것이다. 그런데 '지피지기'에서 관건은 '지기' 나를 아는 데 있다. 일단 나를 잘 파악하면 상대방이 나를 어떻게 할 수 없다. 또한 나의 강점과 약점, 장점과 단점을 파악하여 자신에 대해 통달하게 되면 자기 능력의 최대치를 발휘할 수 있게 된다.

인생살이도 싸움터에 나가는 마음자세와 크게 다르지 않다고 생각한다. 열심히만 하면 되는 것이 아니고 자신의 강점과 약점을 알고 어떤 방향으로 어떻게 열심히 해야 하는지를 알아야 한다.

66

자신을 믿어라.
자신의 능력을 신뢰하라.
겸손하지만 합리적인 자신감 없이는
성공할 수도 행복할 수도 없다.

99

– 노먼 빈센트필 –

나는 지금
어떤 모습일까

_2장

1 있는 그대로
나를 인정하기 ....

[도대체 뭐가 문제일까요?]

나의 지인 중 40세 가까운 나이에 아직 결혼을 못한 남자분이 있다. 그분은 결혼을 하기 위해서 온갖 노력을 다하고 있는데, 그렇게 본다면 결혼을 안 한 것이 아니라 아직 못했다고 하는 표현하는 것이 맞을 듯하다. 그분은 키는 작은 편이지만 넉넉해 보이는 인상에 직업도 대학교수로 누구나 선망하는 직업이라 다른 약점을 커버하기에 충분하다. 하지만 그분은 항상 결혼을 못 한 것이 자신의 여러 가지 약점 때문이라고 강조한다.

'지금보다 키가 컸더라면 분명 결혼할 수 있었을 텐데' 하며 항상 키높이 깔창을 장착한 신발을 신고 다니고, 피부가 좋았으면 결혼할 수 있었을 텐데 하며 피부과에 다니고, 자동차가 좋았으면 결혼할 수 있었을 텐데 하며 얼마 전에 멋진 자동차도 뽑으셨다.

객관적으로 봤을 때 완벽하지는 않지만 충분히 멋진 분인데 소개팅과 선을 보러 나가면 항상 실패하였다. 그리고 처음에 끝나지 않더라도 몇 번 만나고 나면 항상 끝이 보였다.

"내가 이렇게 노력을 하는데 도대체 뭐가 문제일까요?"

아무리 열심히 노력해도 좋은 결과가 안 나오는 것이 이상하다며 주변에 묻곤 했다. 지난번 소개팅에서 만난 여성분은 키가 큰 편인데 하이힐까지 신고 와서 170센티가 훨씬 넘어 보였다고 한다. 모델만큼 스타일도 좋고 눈이 부셨는데 옆에 서면 본인이 훨씬 작고 왜소해 보일 것 같아서 저만치 떨어져서 걸어가면서 빨리 주차장으로 가고 싶은 마음이 굴뚝같았다고 했다.

이런 대화를 몇 번 나누다 보니 그분이 아직까지 결혼을 하지 못한 이유를 어느 정도는 짐작할 수 있었다. 내가 상대편 여자였더라도 그런 남자와는 사귀고 싶지 않았을 것이다.

키가 작다는 사실을 너무 의식하여 의기소침하고 좋지 않은 피부를 부정적으로 생각하고 있으면서, 그런 자신의 단점을 멋진 자동차로 감춰 보려는 남자에게 매력을 느낄 수 있는 사람이 얼마나 있을까?

뛰어난 외모도 아니고 잘나 보이지 않은 사람이 반대의 조건을 가진 이성과 커플인 경우를 흔히 볼 수 있다. '저런 여자가 뭐가 부족해서 저런 남자랑 같이 다닐까?' 반대로 '저렇게 멋진 남자가 왜 저런 여자와 결혼을 했을까?' 생각하기도 하지만 실제로 그들을 만나보고 이야기를 해보면 언제나 '아, 이래서 그런 거구나'하고 고개를 끄덕이게 된다. 그 사람들은 자신의 단점에 집중하지 않고 장점을 충분히 드러낼 수 있는 자신감을 잘 표현하고 있는 것이다. 있는 그대로의 자신을 바라볼 때 자신감이 자연스럽게 나온다.

마음을 터놓고 지내는 친한 동생이 있다. 그 동생은 미모, 실력, 지성 삼박자를 갖춘 미모의 재원인데 언제나 다이어트에 강박증을 가지고 있다. 사실 170cm가 넘는 키면 2~3키로 쪘다고 해도 별로 달라진 티가 나지 않는다. 반대로 그만큼 빠졌다고 해도 보는 사람들은 빠진지도 모른다. 하지만 본인은 몸무게 저울의 숫자가 올라갈까 봐 무서워하며 예민해져서 욕심을 부린다. 그녀는 매일같이 완벽한 화장과 미용실에서 방금 나온듯한 헤어스타일을 하고, 하이힐을 신고 출근을 한다. 반듯한 자세로 한 치의 흐트러짐도 없이 자신의 일에 최선을 다하고 있는 것이다. 열심히 노력하는 그 모습이 아름답기만 한데도 만족하지 못하고 더 완벽해지기 위해 퇴근해서는 밤새 고뇌하고 연구를 한다. 누가봐도 완벽한 그녀지만 본인 스스로는 부족하게 느껴지는가 보다. 이 상태로 계속 간다면 그 동생은 머지않아 스트레스로 몸에 병이 날지도 모른다. 그 동생이 어서 자신을 있는 그대로 받아들이고 자기 안의 보석을 발견하기 바란다.

[노력으로 바꿀 수 없는 부분이 있다]

인생을 살면서 나의 모습 있는 그대로를 인정하고 사랑하는 것이 가장 중요하다. 항상 부정적으로만 생각하며 감추고 포장하려고 하다가는 실체가 밝혀질까 봐 조마조마한 마음에 안절부절 하며 자신 없어 보이게 된다.

키가 작으면 어떻고, 피부가 안 좋으면 또 어떤가? 자동차가 꼭 크고 멋있어야만 하는가?

그렇기 때문에가 아니라 그럼에도 불구하고 진심이 통하고 믿어주는 사람을 만나야지, 언제까지 숨기면서 거짓 자신감으로 포장한 나로 살 것인가.

물론 내 의지와 상관없이 태어날 때부터 남들보다 우월하지 못한 부분이 있다면 억울하고 분하기도 할 것이다. 하지만 내 의지로 할 수 있는 것과 할 수 없는 것이 있다. 내 의지로 할 수 없는 것들에 집착하며 언제까지 원망만 하고 한심한 눈으로 자신을 바라보기만 할 것인가. 쉽지 않겠지만 먼저 나를 인정하고 받아들이자. 지금의 내 모습을 긍정하며 바라보자.

나는 키가 아주 작은 편이다. '강의할 때는 단상에 서 있고 청중들은 의자에 앉아있기 때문에 그렇게 키가 작다고 생각하지 않겠지'라고 생각했지만 언제나 강의가 끝나면 키가 작다는 말들이 나왔다. 처음에 강의할 때는 그런 말을 듣는 것이 너무 스트레스였다. '지금 내 키가 작다고 생각하면서 듣고 있겠지' 그런 생각들로 강의를 하다 망친 적도 많았다.

최근에 어떤 행사의 사회를 본 적이 있었는데 큰 규모라 뒤쪽에서는 내가 잘 보이지 않았다. 그래서 할 수 없이 받침대 위에 올라서서 진행을 해야 했다. 받침대 위에 올라가 있는 내 모습이 우습기도 하고 쓸데

없이 자존심이 상하기도 했다. 하지만 나는 이렇게 말했다.

"제가 이렇게 뜻깊은 자리에서 사회를 보게 되어 매우 영광스럽습니다. 저는 지금 구름 위에 있는 듯한, 아주 들뜬 기분입니다. 사실 저는 키가 작아서 지금 받침대 위에 올라서 있거든요."

청중들은 격려의 박수를 보내주었고 그 뒤로 나는 받침대를 신경 쓰지 않고 행사에만 집중할 수가 있었다. 내가 받침대를 인정하지 않고 누가 볼까 봐 신경을 쓰고 있었더라면 아마 행사를 진행하는 내내 신경이 쓰여서 제대로 말하지 못했을 것이다.

나의 노력으로 바꿀 수 있는 부분은 당연히 노력을 해서 바꾸고 발전을 하면 좋다. 하지만 노력으로 바꿀 수 없는 부분도 어차피 다 나의 것, 미우나 고우나 과감하게 인정을 해버리자.

이렇게 내가 나를 인정하고 받아들일 때 나는 당당하게 세상에 나설수 있으며 상대방도 그런 나를 받아들이고 마음을 열고 내게 다가온다. 스스로 부족하다고 생각하고 주눅 들어 있는 강사에게 박수를 보내줄청중은 없다.

거울 속 나
들여다보기

인류 역사에서 가장 먼저 화장을 시작한 것은 고대 이집트의 여인들이었다고 한다. 자기 매력을 한층 돋보이게 하려는 의도에서였다. 중세시대는 천연두가 유행했던 때라 마마 자국을 감추기 위해서 화장을 진하게 했다. 서커스단의 도화사는 사람들을 웃기기 위해 피에로 화장을 한다. 아프리카나 뉴기니 원주민들은 무섭게 보이려고, 특히 전쟁을 할 때 진한 화장을 한다. 화장을 하는 이유는 저마다 다르다. 하지만 그 의도를 따져보면 자신의 약점을 감추고 강점을 부각해서 남을 속이기 위한 것으로 해석할 수 있다. 화장을 잘 하면 얼굴의 결점도 감춰지고 더욱 아름답게 보인다. 화장은 메이크업 자체뿐 아니라 형태가 조금 다르게 여러모로 사용되고 있다. 학벌, 돈, 명예, 가문 등도 넓은 의미의 또 다른 화장이라고 할 수 있다. 그것들을 이용해서 사람들에게 자기를 과시하거나 마음껏 자신을 뽐내는 것이다. 하지만 화장이 지워질 때면 솔직한 모습들이 하나씩 드러나게 되는 것처럼 부귀나 명예 등도 자신의 진짜 모습은 아니다. 하지만 화장하지 않은 모습이 나의 진짜 모습이므로 나는 나의 맨 얼굴을 바라보며 자신과 마주할 수 있어야 한다.

[나와 마주하는 거울 들여다보기]

당신은 하루에 얼마나 거울을 보고 있는가? 대부분의 여자들은 화장을 하고 남자보다는 피부에 신경을 많이 쓰기 때문에 아무래도 남자보다는 거울을 보는 시간이 더 많을 것이다. 거울을 들여다보는 시간은 온전한 나를 마주하는 시간이다. 즉, 객관적인 나의 모습을 바라볼 수 있는 것이다. 거울을 보면 볼수록 나의 외모에서 부족한 점이 보이게 되고 또 은근 멋지다고 생각되는 부분도 보이게 될 것이다.

외적인 나의 모습을 찾아보았다면 이제는 마음의 눈으로 내적인 나의 모습을 들여다볼 차례다. 내가 좋아하는 것과 싫어하는 것, 장점과 단점, 잘할 수 있는 것과 그렇지 않은 것, 자랑할 만한 것들과 부끄러운 것들 등 있는 그대로 나를 찾아보자. 그리고 이제는 그런 점들을 긍정도 부정도 하지 말고 있는 그대로 바라보자. 그러다 보면 자신을 더 많이 사랑할 수 있게 될 것이고 자신감이 안에서 올라오는 것을 느끼게 될 것이다.

우리에게 아주 잘 알려진 철학자 소크라테스는 얼굴이 무척이나 못

생긴 사람이었다고 한다. 어느 극작가는 '구름'이라는 글에서 못생긴 소크라테스의 얼굴을 풍자하기도 했다. 이 글이 연극으로 꾸며져 공연까지 하게 되었는데 그 자리에 소크라테스는 직접 참석했다고 한다. 그는 관중을 향해 절을 하며 "내 실물을 보고 연극을 즐기면 더욱 좋을 것이다." 해서 웃긴 적이 있었다고 한다. 소크라테스는 어디서 그런 여유가 생긴 것일까? 소크라테스는 외모가 자신의 강점도 아니지만 그렇지만 부끄러운 것도 아님을 알고 있었다. 자신의 내면에 자신에 대한 자신감이 있었기 때문에 많은 사람들 앞에서 그렇게 말할 수 있었을 것이다.

사람들은 저마다 자기만의 멋과 색깔이 있다. 먼저 자신을 믿는 마음이 중요하다. 하지만 사람들은 남을 비난하거나 남과 자신을 비교하며 자기를 믿는 데 필요한 에너지를 낭비하고 있다.

요즘 패션을 보면 정말 난해해서 도저히 따라 할 수도 없는 패션이 있다. 하지만 유명인이 하고 나오면 언제나 유행이 되고 다들 똑같이 따라 하고 있다. 평창올림픽 시즌에는 무릎 아래로 내려오는 일명 벤치패딩인 롱패딩이 유행했다. 날씨가 추운 탓도 있지만 등하굣길에 보면 80% 이상의 학생들이 검정 롱패딩을 입고 다닌다. 키와 덩치는 상관없이 무조건 다들 똑같은 디자인의 패딩을 입고 있다. 그런데 자신에게 어울릴 것 같지 않은 롱패딩을 입고 다니는 사람도 눈에 띈다. 솔직히 롱패딩은 나처럼 키가 작은 사람들한테는 (좀 과장하자면) 길바닥을 쓸고 다니는 느낌이 들고 얼굴과 신발만 보여서 마치 펭귄을 연상케 하기도 한다. 자신에게 어울리는지는 생각하지도 않고 그냥 무작정 따라 할 것이 아니라 자신을 있는 그대로 보고 자신만의 매력을 어필할 방법을 찾아야 한다.

자신만의 매력이 있고 미적인 요소를 갖추고 있음을 알 때 우리에게는 삶의 기쁨과 함께 보람이 생긴다. 다른 사람을 흉내만 내다가는 결국 만족감을 잃게 된다. 뱁새는 뱁새대로 매력이 있고 황새는 역시 황새로 사는 게 바람직하다. "뱁새가 황새를 따라가면 다리가 찢어진다."는 속담은 우리에게 분에 넘치는 흉내를 금하라고 가르치고 있다. 남이 한다고 무조건 나도 하겠다는 식의 모방보다는 '자기식'을 독창적으로 실천하는 것이 필요하다.

미국의 가수 중에 '레이디 가가'라는 여자가 있다. 그녀가 떴다 하면 상상할 수도 없는 그녀의 패션이 항상 주목을 받는다. 40cm가 넘는 하이힐과 특이한 의상의 소재들과 헤어스타일이 입을 떡 벌어지게 한다. 그녀는 패션으로 주목받기 전에 이미 실력으로 인정을 받았기도 하는데 개인적으로 그녀를 좋아하지는 않지만 그녀의 자신에 찬 행동을 볼 때면 내심 부럽기도 하다. 그런 독특한 패션을 시도할 수 있다는 것 자체가 놀랍기만 하다. 레이디 가가를 아는 사람들은 충분히 공감할 거라 생각한다. 레이디 가가도 나도, 이 글을 읽는 당신도 모두 자기 멋에 살면 그만이다.

철학자 코도르세의 "너 자신의 생활을 다른 사람의 그것과 비교함이 없이 즐기라"는 말은 평범하지만 요즘 세상을 살고 있는 우리에게 꼭 필요한 말이다. 거울 속의 나를 들여다보고 자신의 진짜 모습을 잘 관찰할 때 나의 화장도 더 멋있게 꾸며질 수 있다.

객관적인 나를 알아보고 그 속에서 나만의 멋과 방식을 찾도록 하자.

3 나는 어떻게
행동하는가

　나를 알고 잘 이해하는 것이 자신감의 첫걸음이라고 앞에서 언급하였다. 자기를 아는 방법은 여러 가지가 있는데 그 중 다양한 검사를 통해 자신과 대화하는 것도 하나의 방법이 될 수 있다. 일반적으로 널리 알려지고 많이 사용하는 검사 중에 DISC검사가 있다. DISC 행동유형검사는 워크숍이나 인터넷 검색, 앱을 통해서도 많이 접해봤을 것이다. 이 검사는 한 사람의 선천적인 자질과도 연관이 있겠지만 본성 자체를 파악하는 것보다는 어떤 특정한 상황에 놓여 있을 때 그 사람이 어떤 행동유형으로 반응하고 어떤 형태의 태도를 취하는지에 관한 테스트이다.

　1928년 미국 컬럼비아대학교 심리학 교수 윌리엄 M. 마스톤 박사는 인간의 행동유형을 크게 네 가지로 나누어 분석하는 DISC 기법을 개발했다. 일반적으로 사람들은 태어나서부터 성장하여 현재에 이르기까지 나름대로의 독특한 동기 요인에 의해 일정한 방식으로 행동을 취하게 된다. DISC 기법에서는 행동유형을 나타내는 영어 단어의 앞글자를 따서 각각 주도형(D), 사교형(I), 안정형(S), 신중형(C)으로 부르고 있다.

DISC 행동유형검사를 하는 것은 자신의 행동유형과 강점을 발견하고 이를 활용하기 위해서다. 또한 타인의 행동을 이해하고 효과적인 상호작용을 할 수 있다. 물론 행동유형들은 서로 다를 뿐 좋고 나쁨이 없다. 그리고 상황과 조건에 따라 언제든지 바뀔 수 있다는 점을 기억해야 한다.

그러면 다음 표를 보면서 자신에 대한 간단한 검사를 해보자.
(가로의 4항목 중 자신의 스타일을 한 가지씩 체크한 후 세로로 개수를 기입한다.)

	A	B	C	D
1	대담한	활기 있는	기꺼이 하는	정교한
2	논쟁을 좋아하는	예측할 수 없는	주저하는	심각한
3	무서움을 모르는	사교적인	참을성이 있는	공손한
4	독립심이 강한	설득력 있는	온화한	논리적인
5	개척적인	감정적인	매너가 좋은	차분한
6	고집 있는	인기 있는	인심 좋은	완벽주의자
7	친절한	낙관적인	체계적인	의지가 강한
8	엄격한	말주변이 좋은	상냥한	겸손한
9	모험적인	참신한	신중한	절제된
10	공격적인	매력적인	참는	성실한
11	지도력 있는	충동적인	느린	비판적인
12	솔직한	평판이 좋은	쾌활한	이상주의적인
13	참을성 없는	열정적인	겸손한	진지한
14	경쟁심이 있는	자발적인	충성스러운	사려 깊은
15	용기 있는	설득력 있는	이해심 많은	정확한
합계				

ABCD 순서대로 D(주도형), I(사교형), S(안정형), C(신중형)로 진단하면 되는데 한 가지만 많이 나오는 경우도 있고 2~3개가 골고루 나오는 경우도 있다. 체크한 숫자의 개수 순서대로 유형을 적어보자(예, SCID, IDSC 등). 자신의 유형을 기억한 다음 이제 각 유형별 행동 패턴을 알아보고 평소의 자기 모습과 비교해보자.

주도형의 특징

☺ **주도형의 장점**

- 리더십이 강하고 추진력이 좋으며 적극적이고 사람들을 잘 이끌어내는 성격이다.
- 의사결정을 바르게 내려 지도력을 발휘해서 지시를 하여 빠르게 결과를 얻어낸다.
- 생각과 동시에 행동에 옮긴다.
- 자신의 말을 잘 듣고 따라주는 사람을 좋아한다.
- 행동지향형으로 계속해서 도전하고자 한다.

☹ **주도형의 단점**

- 일에 집착하고 허심탄회하게 대화하려는 상대의 욕구를 무시한다.
- 가능한 빨리 일을 마무리하기 위해 빠른 결론을 시도한다.
- 상대의 의사를 확인하지 않고 자신의 생각과 의견을 강하게 밀어붙인다.

- 상대와 상의 없이 일방적으로 행동을 취한다.

Tips

주도형의 사람들은 말을 할 때 돌직구로 말하기 때문에 의사소통이 시원하게 잘 되지만 다른 사람에게 상처가 될 수 있으며 거칠게 보이기도 한다. 이들과 친해지려면 가능한 그들이 스스로 행동할 수 있는 자유를 주는 것이 좋다. 또한 일시적으로는 당신의 주장을 굽혀주어 상대와의 힘겨루기를 피하는 것이 좋다. 이들은 다른 사람이 자신의 생각을 반대하거나 딴지 거는 것을 좋아하지 않는다.

사교형의 특징

☺ **사교형의 장점**

- 행복하고 즐겁고 열정적인 사람이다.
- 인정 많고 자유분방한 성격으로 즉흥적이고 낙천적이다.
- 주변 사람들에게 에너지를 전달해주는 엔돌핀과 같은 존재이다.
- 분위기메이커들이 많고 유머감각도 뛰어나다.
- 언변이 뛰어나며 대화하는 것을 좋아한다.
- 사람 지향적이므로 마당발인 사람이 많다.

☹ **사교형의 단점**

- 대화가 딴 길로 잘 벗어난다.
- 지나치게 빠르고, 너무 밀어붙이는 인상을 준다.

- 대충대충 일을 처리하고, 자료가 부족하다.
- 상대와의 관계에 너무 민감하다.
- 중요한 핵심보다는 이것저것 다 좋다고 한다.

 Tips

사교형의 사람들은 겉과 속이 같다. 자신을 다 드러내고 모두 표현한다. 눈에 튀는 행동을 많이 하며 즉흥적이기 때문에 생각 없이 행동하다가 실수도 많이 하고 버릇없다는 얘기를 듣기도 한다. 이들과 친해지려면 이들의 생각과 아이디어를 인정하고 격려해주어라. 공개적인 칭찬도 좋은 방법이고 대화를 충분히 하고 자유롭게 이야기를 나누도록 한다. 반면에 논쟁이나 논리적인 것을 좋아하지 않으니 되도록 피하는 게 좋다.

안정형의 특징

☺ 안정형의 장점
- 모든 관점은 본인보다는 타인에게 있다.
- 성실하게 꾸준하게 일관성 있게 해나가는 성격이다.
- 타인의 모범이 되는 사람으로 참을성이 있고 착하다.
- 말을 할 때는 상대방의 말을 들어주는 편이다.
- 앞에 나서서 이끌기보다는 옆에서 조용히 도와주는 편이다.
- 행동하기 전에 충분한 생각을 한다.

☹ 안정형의 단점

- 상대의 급한 사정을 생각하지 않는다.
- 너무 많은 것을 부탁한다.
- 모든 것을 인간적으로 해결하려 한다.
- 너무 끈질기고 곤란한 질문을 잘한다.
- 상대의 요구에 결정을 못 하고 지지부진하다.

  Tips

사교형의 사람들은 겉과 속이 같다. 자신을 다 드러내고 모두 표현한다. 눈에 튀는 행동을 많이 하며 즉흥적이기 때문에 생각 없이 행동하다가 실수도 많이 하고 버릇없다는 얘기를 듣기도 한다. 이들과 친해지려면 이들의 생각과 아이디어를 인정하고 격려해주어라.

공개적인 칭찬도 좋은 방법이고 대화를 충분히 하고 자유롭게 이야기를 나누도록 한다. 반면에 논쟁이나 논리적인 것을 좋아하지 않으니 되도록 피하는 게 좋다.

신중형의 특징

☺ 신중형 장점

- 계획적이고 과정이 완벽한 것이 중요하다.
- 어떤 일을 할 때 사전계획을 철저하고 체계적으로 세운다.
- 절대 즉흥적이란 것은 없다.
- 자기 절제를 잘하며 매사에 주의가 깊고 조심스럽게 생각해보

고 행동한다.

- 본인이 실수하는 것에 상당히 민감하다.

 신중형 단점

- 상대에게 너무 많은 것을 물어본다.
- 상대가 원하는 것보다 너무 자세한 것을 제공한다.
- 일에만 집착하고 자신을 드러내지 않는다.
- 지나치게 신중하다.
- 너무 분석적이고 보수적이며 원칙대로 하려 한다.

> **Tips**
>
> 신중형의 사람들은 화를 낼 때도 이 상황이 화가 나는 상황이 맞는지 다시 한 번 생각해보고 그렇다면 화를 내는 타입이다. 침착하게 상황을 잘 설명하고 실수하지 않고 올바른 행동을 하려는 경향이 강해서 은근히 자기 고집이 세다. 이런 유형의 사람들과 가까워지려면 강압적인 제스처는 절대 금물이다. 보다 체계적인 접근이 필요하다. 미리 잘 준비해서 세세하게 이야기하고 합리적인 이유와 근거 및 대처방안을 제시해주면 좋다.

행동유형		특징
D	주도형	지배적인(Dominant), 직접적인(Direct)
I	사교형	재미있는(Interesting), 영향을 미치는(Influent)
S	안정형	꾸준한(Steady), 안정적인(Stable)
C	신중형	주의 깊은(Careful), 신중한(Cautious)

강의를 하는 강사 입장에서는 어떤 유형이 좋을까? 나는 스스로 주도형이라 생각을 하고 있는데 강의할 때는 내가 가지지 못한 신중형과 안정형의 특징들이 부럽다. 주도형이라서 그런지 말실수를 하거나 꼼꼼하게 챙기지 못해 중요한 내용을 빠트리는 경우도 있기 때문이다. 하지만 신중형에 가까운 유형인 다른 강사들은 주도형에 가까운 나의 성격을 부러워하는 것을 볼 수 있었다. 아무래도 강사가 청중들에게 카리스마 있게 다가갈 때 집중력 있게 과정을 진행할 수 있기 때문일 것이다. 따라서 모든 유형은 서로 보완 관계에 있다고 할 수 있다.

강의를 하든 사회생활을 하든 좋은 행동유형과 나쁜 행동유형은 없다. 어떤 특정 유형으로 성공을 했다면 그것은 자신의 기질을 잘 활용한 케이스지 그 기질이 무조건 장점이 되는 건 아니기 때문이다. 그 기질의 주인이 미성숙하고 서툴면 단점으로 드러날 것이고 기질의 주인이 성숙하고 능숙하면 장점으로 드러날 것이다. 따라서 자신의 장단점과 타인의 장단점을 알고 조화롭게 살아가는 것이 중요하다.

다른 사람들이 평가하는 '나'

[첫인상이 어떤가요?]

다음 활동지는 실제 강의를 하러 갔을 때 어색함과 긴장감을 깨뜨리는 아이스브레이킹 용으로 활용하는 활동지다.

	제 첫인상이 어떤가요?	Yes or No
1	유머감각 최고	
2	패션 감각이 좋으세요	
3	열정적이신 분 같아요	
4	공부 잘했을 것 같아요	
5	노래 잘하실 것 같아요	
6	운동을 잘 하실 것 같아요	
7	독서 좋아하실 것 같아요	
8	법 없이도 사실 분 같아요	
9	미소가 아름다워요	
10	인자하고 자상해 보이네요	

참석한 분들이 양면테이프를 이용해 각자 등 뒤에 활동지를 붙인 다음 서로 인사를 하면서 첫인상에 가까운 곳에 스티커를 붙여주는 활동이다. 많은 숫자가 참여한 강의에서는 서식 없는 흰 종이를 붙이고 직접 쓰는 방법을 활용하기도 한다. 다른 사람이 알려준 평가에 대해 의외라는 반응을 보이기도 하고 신기해하기도 한다.

"내가 정말 이렇게 보였어요?"

"저 이런 사람 아닌데, 세상에! 정말 기분 좋아요."

대부분의 청중들은 다른 사람들이 나를 어떻게 평가하는지에 많은 흥미와 호기심을 가지고 있었고 그 결과에 대해서도 다양하게 반응했다.

그런데 결과를 보면 신기하게도 한곳에 집중되어 있는 경우가 많아서 놀랄 때가 여러 번 있었다. 각기 다른 사람들이 바라보는 나의 이미지가 거의 일치한다니, 첫인상은 정말 인간관계에서 매우 중요한 것이라고 다시 생각하게 되었다. 나의 경우는 활동지에서 3번인 '열정적이신 분 같아요'에 몰표를 받았다. 강의를 하는 강사 입장에서 이런 평가를 받으니 기쁜 마음으로 결과에 만족했다. 그런데 첫인상이 나중에 그 사람을 겪고 나서 일치하지 않는 경우도 있었다. 많은 사람들이 평가했던 첫인상과는 전혀 다른 모습을 보았을 때는 역시 사람은 첫인상만으로 평가해서는 안 된다는 것도 느낄 수 있었다. 그렇게 본다면 다른 사람이 평가하는 나도 정확한 평가는 아니라는 것을 짐작할 수 있다. 다른 사람들의 평가에 너무 연연하면 본래의 자기 모습이나 장점 등을 상실할 우려가 있다. 따라서 앞에서 지적했듯이 자신을 있는 그대로 보고 다른 사람의 평가에 일희일비하거나, 무조건 타인의 평가나 의견에 맞추려고 해서는 안 된다.

[다른 사람의 비난에 귀 기울이지 마라]

주위 사람들이 나를 소개하거나, 내가 없을 때 내 얘기가 나온다면 나에 대해서 어떤 말을 할까? 어떤 일에서 내가 인정을 받았을 때 그 말을 들은 다른 사람들은 나를 어떻게 평가를 할까?

내가 생각하는 나의 성격이나 행동 능력들은 다른 사람이 봤을 때 보다 객관적으로 평가될 수 있다. 하지만 같은 능력이나 조건을 가지고 있어도 어떤 사람이 평가를 하느냐에 따라 달라질 수가 있다. 그래서 주위 사람들의 평가를 곧이곧대로 들을 일은 아니다. 예를 들어 지나치게 우수한 집단에 속해 있다 보면 내 실력보다 훨씬 저평가될 것이고 반대의 경우라면 더 높게 평가가 될 것이다.

세상에서 가장 위대한 조각가라고 불리는 로댕은 '생각하는 사람'이라는 작품으로 우리에게 매우 친숙하다. 그의 작품들은 생명력이 느껴지고 마치 터치를 하면 온기가 느껴질 것만 같다며 경이롭다는 표현들이 함께 따라다닌다. 이렇게 뛰어난 작품을 만든 로댕의 어린 시절은 조금

우울했다. 가난한 집에서 근시를 가지고 태어났다. 숫기가 없어서 사람들 앞에 잘 서지도 못했고 학습능력이 떨어져서 놀림을 받는 일이 흔했다고 한다.

친구들은 "너 같은 바보와는 친구가 될 수가 없어."라는 말을 하며 함께 하지 않았다.

"나는 바보 천치 아들을 두었다."

"저 아이를 교육시키는 것은 불가능해."

아버지와 삼촌으로부터는 매일 이런 말을 들으며 자랐다고 한다.

로댕은 열한 살 때 드로잉을 시작하면서 점토 모형을 만들기 시작했다고 하는데 이후 수년간 재능을 인정받지 못했다. 하지만 끈기 있는 노력으로 결국은 위대한 조각가 오귀스트 로댕이 된다. 우리도 이따금 누군가로부터 아주 저급한 평가를 받는다. 하지만 그런 평가를 받았다고 절대 무너져서는 안 된다. 로댕이 거기서 무너졌다면 우리는 '생각하는 사람'을 절대 볼 수가 없었을 것이다.

내가 쓴 글이 무시당할 때도 있고, 나의 생각이 무시당할 때도 많다. 심지어는 내가 꾸는 꿈 자체가 비웃음거리가 된 경험도 있을 것이다. 상대방은 비평과 충고라는 명분으로 이런저런 부정적인 말을 하지만 그 말을 듣다 보면 상처를 받지 않을 수가 없다. 하지만 그런 말에 일일이 반응하다 보면 나는 중심을 잃고 쓰러질 수도 있다.

나는 3녀 중 둘째로 언니와 여동생이 있다. 그 둘은 나보다 훨씬 똑똑

하고 책도 많이 읽고 공부도 많이 했다. 그래서 은근히 나를 무시하며 기를 죽이기도 했다. 사실 내가 책을 쓴다고 했을 때 가장 비웃었던 사람은 그 누구도 아닌 언니와 동생이었다. 그런데 내가 막상 책 쓰기를 시작했을 때 사과의 문자가 왔다.

"요즘 너를 보면서 많은 것을 깨닫고 미안하게 생각한다. 미안한 것은 내가 너보다 더 지식이 많고 책을 써도 내가 더 잘 쓰겠다고 생각했던 나의 오만함이다. 그 점이 진심으로 너에게 미안하고 이제 너를 존경하게 되었다."

학습적인 면에서 내가 부족할지 모르지만 실천하는 면에서 내가 더 나았기 때문에 가족들도 나의 그런 면을 인정해 준 것이다. 만약 내가 '네가 무슨 책을 쓴다는 거냐? 대한민국에 책 쓸 사람이 그렇게 없냐? 그리고 네가 쓴 책을 누가 읽어보겠냐?'는 비웃음에 의기소침해져서 포기해버렸다면 이 책은 세상에 나올 수 없었을 것이다.

사람들은 자신의 꿈의 크기와 위치에서 남을 평가한다. 자신이 바라볼 수 있는 만큼만 바라본다는 것이다. 상대방의 말에 흔들리거나 신경을 쓰지 않는 마음을 가져야 한다. 땅에서는 나무만 보이고 숲이 울창한지 아닌지 대충 짐작만 할 수 있다. 하지만 조금 더 높은 곳에서 바라보면 그 숲이 얼마나 울창한지 알 수가 있다.

주위 사람의 평가에 너무 많이 신경을 쓰지 말고 연연하지도 말자. 강사에게 평가는 매우 중요하다. 하지만 수강생들의 평가를 다 맞추려다가는 자기 색깔도 잃고 우왕좌왕할 수밖에 없다.

　청중들의 의견을 잘 듣되 자기중심을 잡고 평가에 대한 자기 피드백을 해나간다면 오랫동안 사랑받는 강사가 될 수 있을 것이다.

> ❝
> 낮은 자존감은 계속 브레이크를 밟으며
> 운전하는 것과 같다.
> ❞

- 맥스웰 말츠 -

마음
조율하기

_3장

1 긍정적으로 바라보자

미국의 마리온 라이스 하트 여사는 경비행기를 타고 84세의 나이로 대서양을 횡단해 유명해진 사람이다. 그 나이에 비행을 한 사실도 놀랍지만 더욱 놀라운 사실은 그때 하트 여사가 비행을 배우기 시작한 지 겨우 2달밖에 되지 않았다는 것이다. 그런데 그녀가 비행을 시작한 이유는 의외로 아주 간단했다. '혼자 시간을 때우기에 아주 좋다'는 것이다. 비행을 꼭 성공하겠다는 특별한 목적보다는 나이가 들면 혼자 있는 시간이 많아져서 어떻게 시간을 보낼까 생각하다 나온 아이디어라고 한다. 이후로 하트 여사는 '나는 할머니'라는 별명으로 세계의 여러 곳을 작은 경비행기로 방문하기 시작했다. 여사가 도착하는 곳마다 많은 사람들이 몰려와서 환영을 했고 그때마다 여사는 '기진맥진하지만 매우 행복하다'는 소감과 함께 사람들의 환대에 감사했다.

하트 여사의 도전은 보통 사람이라면 생각조차 할 수 없는 것이었다. '84세의 나이에 어떻게 내가 할 수 있겠어?'라고 남들과 똑같이 생각했더라면 절대 이룰 수 없는 꿈이었을 것이다. 열정적으로 도전하라는 말을 많이 한다. 그러나 쉽게 그럴 수가 없는 것이 그동안 그렇게 살지 않았기 때문이다. 도전하라는 말보다는 자신을 믿고 긍정적으로 바라보라는 말을 하고 싶다.

[서로 다르게 바라본 사람들]

1950년대에 미국 위스콘신 대학에서 우수한 문학 지망생들이 모임을 만들었다고 한다. 그들은 정기적으로 모여서 각자가 쓴 소설과 시 등의 결점들을 가차 없이 서로 비평했다. 그리고 그것은 그들의 창작에 많은 도움이 되는 듯 보였다. 한편 여학생들이 중심이 된 또 다른 모임이 있었다. 그 모임에서는 서로 혹평은 일절 피하고 좋은 부분만 칭찬하며 긍정적인 미래를 이야기했다.

10년 후 두 모임의 결과는 어떻게 되었을까? 그 여학생들이 중심이 된 모임 중 대부분이 훌륭한 작가가 되었다. 그러나 그토록 유망하던 위스콘신 대학의 문학 지망생들 중에서는 단 한 명의 뛰어난 작가도 나오지 못했다. 가시 돋친 말로 서로를 비평하고 상대방의 아픈 곳을 찌르며 부정적인 것들에 집중했을 때 거기서 창조적인 것들이 태어나긴 어렵다. 여학생들이 했던 것처럼 자신과 상대방의 긍정적인 것들에 집중하자.

언젠가 전 세계가 미국에서 발사한 우주선의 고장 난 파편이 지구 어딘가에 떨어질 것이라는 "스카이렙 공포"에 사로잡혀 떠들썩한 적이 있었다. 마침내 컴퓨터 측정에 의해 스카이렙의 파편이 호주 땅 부근에 떨어질 것이라는 소식이 전해졌다. 그 소식을 들은 호주 사람들은 대개 두 가지의 서로 다른 반응을 보였다. 어떤 사람은 스카이렙의 파편이 자신의 재산과 토지 위에 떨어지면 많은 손실을 보게 될 것 같아 두려워 떨었던 반면, 일부 다른 사람은 그 스카이렙의 파편이 자신의 땅 위에 떨어지면 오히려 아주 훌륭한 우주의 기념품이 될 것이라고 생각했던 것이다. 그 당시 미국의 샌프란시스코 일간지에서는 1만 달러의 현상금을 내걸고 누구든지 스카이렙의 파편을 주워오는 사람에게 그 상금이 주어질 것이라고 알렸다. 결국 긍정적으로 생각하고 있던 한 호주 청년이 그 파편을 발견하여 엄청난 금액의 상금을 타게 되었다.

같은 현실에서 일어나는 동일한 사건을 두고 어떤 사람은 부정적인 반응을 보이는가 하면 어떤 사람은 긍정적인 태도를 취하게 된다. 어떠한 자세냐에 따라 그 둘의 결과는 전혀 달라지게 된다.

[긍정적으로 사고하기 위해서는]

'매슬로'에 의하면 인간은 본능적으로 어떤 문제에 직면했을 때 의식적으로 긍정적인 생각을 하려고 노력하지 않는 한 부정적으로 생각하는 경향이 70~80% 이상이라고 한다. 이는 안정을 바라는 본능적인 사고 태도에서 기인한다고 한다. 그러므로 우리는 꾸준한 훈련과 의식을 통해 긍정의 방향으로 나아가도록 해야 하는 것이다.

지금의 상황을 무조건 부정적으로만 바라보는 사람이 있다. 불편하고 어려운 상황에서도 긍정적으로 바라볼 수 있는 마음이 필요하다. 무조건 싫다면서 부정적으로만 바라보고 있기 때문에 불편하고 어려운 상황들이 더욱더 힘들게 느껴지는 것은 아닐까?

긍정적인 사고를 위해 딱 세 가지만 명심하자.

첫째, 결점이나 약점을 변화시키기보다 먼저 받아들이는 방향으로 자세와 인식을 바꾸자.

흔히 우리는 자신의 문제나 열등감을 다른 사람들에게 보이게 되면, 사람들이 자신을 무시할 것이고 싫어하게 될 것이라 생각하며 숨기려고 노력한다. 하지만 자신의 약점이나 결점을 하루아침에 변화시키기는 힘들다. 겉모습이나 주위환경, 자신의 결점이나 약점에는 변화가 없지만 그것을 받아들이는 자세와 인식이 바뀐다면 어떨까? 같은 상황과 환경이지만 분명히 전과는 다른 힘을 가진 사람이 될 것이다.

둘째, 자신에게 너그러워지자.

자기 비하만큼 자신을 힘들게 하고 남까지 힘 빠지게 하는 것도 없다.

자신의 실수와 실패, 약점과 결점 등에 대해 걱정과 두려움에 사로잡혀 있는가? 그까짓 것 그럴 수도 있지 마음으로 담대히 맞서보자.

미국의 심리학자 '윌리암 제임스'는 '우리의 약점 그 자체가 뜻밖에도 우리를 돕는다'라고 했다. 우리에게 익숙한 베토벤이나 헬z의 경우가 그렇고 우리 역시 그렇게 될 수 있다.

셋째, 남의 비난에도 너그러운 자세를 보이자.

어떠한 자극과 사건에 어떠한 반응을 선택하느냐는 나에게 달려있다. 자신을 믿고 긍정적으로 산다면 못해낼 것이 아무것도 없을 것이다.

2 스스로 선택하고 결정하자

아주 먼 옛날 영국 교외의 농촌에 할아버지와 손자가 살고 있었다. 서로를 의지하며 살아가고 있던 어느 날 아침, 두 사람은 평소보다 일찍 일어났다. 그들은 시장에 가서 생활용품을 구입하기 위해 바쁜 걸음을 재촉했다. 시장에서 살 것을 다 산 다음에 마지막으로 두 사람은 가축을 파는 노점에서 작은 당나귀를 골랐다. 당나귀를 끌고 집으로 오는데 하루 종일 바쁘게 돌아다녔기 때문에 할아버지는 매우 피곤했다. 그래서 할아버지는 손자에게 미안했지만 자신이 당나귀에 타고 손자는 그 뒤를 따라오게 했다. 잠시 후에 마주 오던 어느 노부인이 그 모습을 보고 매우 화를 내며 할아버지를 질타했다.

"당신은 정말 이기적인 사람이군요. 자기 한 몸 편하자고 손자는 내버려두다니. 이렇게 어린 아이에게 어떻게 먼 길을 걸어가게 할 수가 있나요?"

할아버지는 노부인의 말을 듣고 보니 그 말이 일리가 있다고 생각했다. 그래서 미안한 듯 손자를 바라보며 노부인에게 말했다.

"당신의 말이 옳습니다. 감사합니다!"

그리하여 할아버지는 당나귀에서 내리고 손자를 올려 태웠다.

오지랖 넓은 노부인이 멀어져가는 것을 보고 할아버지와 손자는 한숨을 쉬었다. 그리고 이렇게 할아버지는 뒤를 따라 걸어가고 손자는 당나귀에 탄 채로 계속해서 길을 갔다. 얼마 지나지 않아 그들은 한 노인을 만났다. 노인은 두 사람의 모습을 보고 매우 화를 냈다. 그는 얼굴을 붉히고 화를 내면서 손자를 꾸짖었다.

"너는 정말 불효막심한 아이구나. 연세도 많아서 피곤하실 텐데 어쩜 그렇게 할아버지를 걸어가게 하고 너만 편하게 당나귀에 앉아있을 수가 있단 말이냐. 정말 말도 안 되는구나!"

노인의 말을 듣고 손자는 매우 부끄러웠다. 그는 얼른 당나귀에서 내려 할아버지를 부축해 당나귀에 태운 다음 자기도 올라탔다. 결국 두 사람은 함께 당나귀를 타고 집으로 가게 됐다.

잠시 후, 맞은편에서 당나귀를 기르는 사람이 걸어왔다. 그는 손자와 할아버지 두 사람이 한꺼번에 당나귀를 타고 있는 모습을 보자마자 길을 막았다. 그러고는 매우 화가 난 듯 당나귀 위의 두 사람을 바라보며 큰소리로 꾸짖었다.

"당신들 정말 너무하지 않소. 어쩜 그렇게 모질게 동물을 학대할 수 있는 거요? 당신들 두 사람이나 타면 당나귀가 얼마나 힘들지 생각은 해보았소? 어떻게 그럴 수가 있소. 동물도 감정이 있단 말이오."

이 말을 듣고 두려워진 할아버지와 손자는 어쩔 수 없이 당나귀에서 내려 당나귀를 끌고 집으로 돌아가기 시작했다. 그러나 또 얼마 지나지 않아 그들은 학교가 끝나고 집에 돌아가는 학생들을 만나게 됐다. 학생들은 두 사람의 모습을 보고 비웃으며 말했다.

"정말 바보 같군, 당나귀가 있는데도 타지 않고 그저 끌고만 가다니. 정말 이상한 사람들이야!"

할아버지와 손자는 학생들의 말에 일리가 있다는 생각이 들었지만 그들은 어떻게 해야 할지 알 수 없었다. 다시 당나귀에 타면 분명 누군가에게 꾸지람을 들을 것이 분명했기 때문이다. 그래서 두 사람은 당나귀를 맞잡아 짊어지고 집으로 돌아갔다.

그러던 중에 그들은 큰 다리를 건너게 됐다. 강물은 매우 물살이 급했고 할아버지와 손자는 잘못해서 당나귀를 강에 빠뜨리고 말았다. 당나귀는 큰 물살에 금방 휩쓸려가 모습을 감추고 말았다. 결국 할아버지와 손자는 당나귀를 잃어버리고 아무것도 얻지 못했다.

[스스로 선택하는 주도적인 삶]

이 얘기에 등장하는 할아버지와 손자는 결국 당나귀를 사고도 집으로 데려가지 못했다. 그들이 당나귀를 집까지 데려가지 못했던 이유는 다른 사람들이 이런 저런 얘기를 했기 때문이 아니다. 그들만의 주관이 없었기 때문에 이사람 저 사람이 하는 말을 따르다보니 결국 이 같은 결과를 얻게 된 것이다. 이 이야기는 초등학교 학생들도 다 아는 이야기지만 어른들도 잘 실천하지 못하는 경우가 많다.

일반적으로 우리는 동일한 사건에 대해 저마다 다른 견해를 가지고 있다. 사람들마다 문제를 대하는 관점이 다르기 때문에 그에 대한 해석도 달라지는 것은 당연한 것이다.

작년 여름 큰맘 먹고 헤어스타일을 파격 변신한 적이 있었다. 하지만 결과는 어땠을까. 어떤 사람은 정말 잘했다고 귀티가 난다며 최고라고 칭찬을 해 주었고, 또 어떤 사람은 그전이 훨씬 멋졌다며 왜 바꿨냐고 야단을 쳤다. 그리고 또 어떤 사람은 헤어스타일이 바뀌었는지조차 알지 못했다.

그들을 만나며 '스타일 변신하길 정말 잘했어' 생각을 했다가 '아, 괜히 머리를 했어' 생각을 했다. 그리고 '아 사람들은 남한테 별로 관심이 없구나' 생각도 했다. 그런데 사실 이런 상황을 신경 쓸 필요는 없다. 사람마다 취향과 입장이 다르니 피드백이 다를 수밖에 없기 때문이다. 헤어스타일 변신의 쉬운 예를 들었지만 어떤 일에서든 모든 사람을 만족시킬 수는 없다. 그래서 나와 생각이 같은 사람을 만나면 기분이 좋고 나와 생각이 다른 사람을 만나면 기분이 나빠지고 그럴 필요는 없을 것 같다.

다른 사람의 관점이 나와 같길 바라지 말고 나의 관점으로 좋으면 좋은 것이다. 만약 모든 사람의 긍정을 위해 남의 의견에 휩쓸려 다닌다면 당신의 생각과 판단력은 완전히 사라질 것이고 윗글에 노인과 손자처럼 아무것도 남는 게 없게 될 것이다.

'루스벨트'는 "아무도 당신의 동의 없이 당신에게 고통을 가하지 못한다. 그러므로 고통스러운 삶은 바로 당신이 선택한 것이다."라고 했다. 우리는 타인이나 외적 환경에 의해 지배되는 삶보다는 자신의 가치관과 목표에 따라 스스로 선택하는 주도적인 삶이 필요할 때이다.

"설령 천국에 있다 해도 트집을 잡는 사람은 기어코 트집거리를 찾아내고 만다."

– 헨리 데이비드 소로

3 열정적으로 도전하자

로버트 슐러 목사의 처남 프랑크 밴더 마아틴은 18세 때 벌써 아이오와주 수카운티에서 제일가는 바이올리니스트였다. 그런데, 그때 아버지가 경영하는 대장간에서 무서운 사고가 발생하였다. 빨갛게 단 쇠가 그의 왼손에 떨어져 바이올린을 짚던 손가락이 잘려진 것이다. 그의 왼손에는 엄지손가락만 남게 되었다. 한순간에 불구자가 되고 만 것이다. 이제 다시 바이올린을 연주하는 것은 불가능해 보였다. 그러나 그는 그렇게 생각하지 않았다. 그는 엄지손가락만 남은 왼손으로 바이올린 활을 잡고 오른손으로 바이올린의 4줄을 잡고 연습하였다. 마침내 그는 아이오와주 수카운티 교향악단의 뛰어난 바이올리니스트가 되었다.

그는 "나는 결코 불구자라고 생각하지 아니했다. 사람은 자기가 불구자라고 생각할 때까지는 불구자가 아니다."라고 말했다. 로버트 슐러도 "불가능한 일이 존재하는 것이 아니라, 불가능하다는 생각이 존재하는 것이다."라고 명백히 말하고 있다.

불가능해 보이는 일도 열정을 가지고 도전하면 얼마든지 가능으로 만들 수 있다. 또한 열정을 가지고 도전하는 사람은 자신을 도와주는 사람을 더 잘 만날 수 있다.

[강사는 열정적으로 강의할 줄 알아야]

나는 음주가무에 유난히 약하다. 특히 이 중에서 군이 순서를 정한다면 가장 약한 것이 '무(舞)' 바로 춤추기이다. 그래서 여태까지 한 번도 남들 앞에서 춤을 춰 본 적이 없다. 학창시절부터 말하기로는 빠지지 않고 시끌벅적한 나였지만 춤과 노래가 필요한 장면에서는 한 발짝 소리 없이 물러났던 기억이 있다.

친한 동생이 딸의 초등학교 체육대회에 갔다가 갑작스레 응원단장이 되었고 열정적으로 승리를 이끄는데 한몫하고 왔다고 말한 적이 있다.

'난 그것만은 죽어도 못해, 차라리 진행은 맡겠는데 응원단장은 죽어도 못하겠다.'

내가 절대 가질 수 없는 그 동생의 능력이 부러울 뿐이었다.

그런데 얼마 후 그 동생의 그런 능력을 부러워하지만 말고 까짓것 나도 한번 해보자는 생각이 들었고, 추진력 강한 나는 바로 라틴댄스 학원에 등록하였다. 라틴댄스를 하다 보면 내가 어려워하는 춤과 노래의 능력이 개발될 것 같았다.

오랫동안 라틴댄스를 배운 사람들은 완벽한 실력은 물론 섹시하고 멋진 옷까지 갖춰 입고 있었고, 나는 마음대로 움직이지 않는 몸에 절대 섹시하다고 할 수 없는 트레이닝복을 입고 있었다.

처음에는 어찌나 부끄럽고 민망하던지 머리 위로 손을 뻗는 동작도 제대로 따라할 수가 없었다. 겨우 따라 한 동작도 남들은 매혹적이고 정열적이었지만 나는 반짝반짝 작은 별 율동을 하는 것 같았다. 템포도 방향도 다 틀렸지만 내가 그 자리에서 이들과 함께 춤을 추고 있다는 희열감에 얼마나 떨리고 설렜는지 모른다. 그렇게 댄스를 배우면서 내 약점인 춤에도 충분히 자신감을 가질 수 있게 되었다.

내가 강의를 하러 갈 때 특히 잘 입는 옷이 있는데 바로 빨간색 바지이다. 핏이 좋기도 하지만 그 바지를 입을 때면 자신감이 막 솟구치는 걸 느낀다. 열정적으로 강의를 할 때면 강사와 청중이 하나 됨을 느낀다. 강의를 마치고 나서도 그 기분이 지속되고, 다음 강의에도 더 열정적으로 임하게 하는 힘이 된다. 모든 강의가 열정적일 필요는 없지만 많은 경우 열정이 있는 강의가 청중들을 몰입시킨다. 따라서 강사는 열정적으로 강의할 줄 알아야 한다. 그러기 위해서는 자신의 마음속에 열정을 불러일으키는 방법을 알고 훈련해봐야 한다.

주위에서는 나의 빨간 바지를 칭찬하고 응원하지만 정작 본인들은 절대 못 입겠다고 한다.

그냥 입으면 되지 그게 뭐가 힘든 것이라고 그럴까 생각을 하기도 하지만 입장을 바꿔보면

어렵기도 한 것이 사실이다. 어떤 일에 도전하는 것 자체는 지극히 주관적인 것이다. 남들에게는 쉽고 당연하게 할 수 있는 것이 나에겐 도저히 할 수 없는 것일 수 있고, 또 다른 도전에서는 반대의 경우가 될 수도 있다. 빨간색 바지로 바꿔 입는 것도 용기를 내야한다. 그런데 바지를 바꿔 입지 않으면 절대로 그 바지를 입었을 때의 기분과 느낌을 체험하지 못한다. 용기를 갖고 열정으로 무장한다면 지금과는 새로운 길로 들어설 수 있다. 할 수 있다고 생각하는 사람은 할 수 있다고 생각하기 때문에 무엇인가 할 수 있다. 그러나 할 수 없다고 생각하는 사람은 할 수 없다고 생각하기 때문에 아무것도 할 수 없다.

신문기사를 통해 60대 여성분의 도전을 읽은 적이 있다. 그분은 결혼과 동시에 30년 넘게 전업주부 생활을 했다. 그러다 보니 문득 '나는 아무것도 못 하는 바보가 아닐까'라는 생각이 들었고 50세 때 무작정 유학을 결심했다고 한다. 프랑스에서 2년간 머무르면서 프랑스 요리학교에서 제빵을 배우고 현재는 창업을 했다고 한다. 그녀는 "50이 넘은 나이에 도전을 했지만 살아온 내공이 있어 그런지 잘 풀렸다. 도전을 겁내

지 말고 무조건 해봐야 한다."고 말했다.

　솔직히 젊은 사람들도 쉽게 결정하지 못 하는 일인데 얼마나 큰 결심을 하셨을까? 우리도 평소에 할 수 없다고 어렵다고 생각했던 일들에 열정적으로 도전해보자.

실패를
두려워하지 말자

태어나서 실패를 경험해보지 않은 사람은 아무도 없을 것이다. 태어난 지 몇 시간이 지나지 않은 아기도 끊임없이 실패를 경험하게 된다. 눈도 뜨지 못한 채 본능적으로 엄마 젖을 찾게 되는 데 한 번에 찾을 수도 없을뿐더러 입 앞에 있다고 해도 빠는 방법을 몰라서 몇 번이고 실패를 하고 계속 시도를 한다. 어른들의 눈에는 그저 작은 손짓 발짓으로 보이겠지만 갓난아기들은 원하는 방향으로 움직이기 위해서 끊임없이 노력하고 있는 것이다. 이렇게 우리는 어렸을 때부터 실패를 이겨내고 성공으로 다가가는 법을 스스로 배웠다. 그런데 커가면서 언제부턴가 그 기억을 잊어버리는 것 같다.

"나는 살아오면서 계속 실패를 거듭했다. 그것이 내가 성공한 이유다."

거듭된 실패가 있었기에 농구 스타가 될 수 있었던 마이클 조던의 명언처럼 실패는 성공하는 이유가 될 수 있다.

요즘같이 살기 힘든 시대에는 무언가를 해 보고 싶어도 막상 성공한다는 보장이 없기에 생각만 있을 뿐 쉽게 도전조차 포기하는 경우가 참 많다. 성공이 눈앞에 있지만 미처 발견하지 못한 채 중도 포기를 해 버리는 경우도 있다. 하지만 그들에게는 성공까지 갈 수 없었던 피치 못할 사정이 있을 것이다. 모두 다 성공을 원하지만 하나같이 모두 다 성공을 하는 것은 아니다.

이 세상에 실패자가 되기를 원하는 사람은 아무도 없다. 누구나 성공적인 인생을 살고 싶어 한다. 하지만 성공에 대한 확신과 자신감보다는 늘 실패 자체를 두려워하고 기피 대상으로 여기곤 한다. 실패해서는 안 된다는 강박 증상이 심화되면 실패가 두려워 무엇인가를 시작도 해보기 전에 망설이다가 포기해 버리는 경향이 강해진다. 무엇인가에 도전했을 때 성공과 실패의 확률은 정확히 50%씩이지만, 포기했을 경우 실패의 확률은 100%가 된다.

토머스 에디슨은 전구, 축음기, 발전기 등을 비롯해 무려 1093개의 발명 특허를 얻어 발명으로 세계 기록을 세웠다. 내가 초등학교 때 〈발명왕 에디슨〉이라는 책을 읽었었는데 요즘 딸에게 에디슨 책을 읽어주다 보니 그때는 모르고 지나쳤던 것들을 알게 된다. 발명왕이라는 것만 기억하고 있었는데 다시 책을 읽어보면서 '참 많은 실패를 했었구나' 새삼 느꼈다. 실패 부문의 세계 기록이 있다면, 아마 그 자리는 바로 가장 많은 실패와 그에 따른 성공을 경험한 에디슨의 몫이 아니었을까?

에디슨은 전구 하나를 만드는 데 무려 1만 번의 실패를 했다. 전구를 제외한 특허품 1092개를 만드는데 열 번씩 실패했다고 가정하더라도 총 2만 번이 넘는 실패를 한 셈이다. 이렇듯 그는 보통 사람이 상상도 하지 못할 만큼 많은 실패를 경험했다. 그럼에도 불구하고 그를 실패자로 보는 사람은 아무도 없다. 그것은 에디슨 스스로가 실패를 영원한 실패로 보지 않고 일시적인 좌절로 보고 계속 도전을 했기 때문이다. 에디슨이 전구를 발명하기 위해 9999번의 실험을 했으나 성공하지 못한 걸 본 친구는 "얼마나 더 실패를 되풀이할 셈이냐?"고 물었고 그는 다음과 같이 말했다.

"나는 9999번의 실패를 한 게 아니고 다만 전구를 만들 수 없는 9999가지의 이치를 발견했을 뿐이다."

이처럼 그는 계속되는 실패에도 좌절하지 않았다. 그리고는 80세의 나이로 사망할 때까지 왕성한 발명 활동을 계속해 세상 사람들의 부러움과 존경의 대상이 되었다.

사람들은 성공한 이들의 실패에는 별로 관심이 없다. 단지 현재 성공해 있는 모습에 환호와 부러움을 보낼 뿐이다. 실패는 성공으로 가는 통과의례와 같다. 어떤 일을 하는 동안 실패를 하더라도 그 일에 대한 노하우가 생긴다. 그동안에 들인 시간과 경험이 성공에 가깝도록 밑거름이 되는 것이다.

[실패에 성공으로 가는 키(key)가 숨어있다]

성공한 사람들은 무슨 일이든지 시도해 보는 것을 두려워하지 않는다. 그들은 어떤 일이나 항상 실패의 가능성이 있다는 사실을 알고 있다. 그들도 실패를 싫어하지만 실패를 두려워하지는 않는다.

그들은 중간에 실패를 경험하더라도 그것을 일시적인 패배로 바라볼 뿐 영원한 실패로 규정하지는 않는다. 그들은 반드시 일어난다. 그들은 넘어질 때마다 다시 일어선다. 그들은 포기하지 않는 한 결국 성공한다는 것을 분명히 알고 있다.

성공한 사람들은 강하고 완벽해서가 아니라 오히려 실패하고도 살아남아서 끝까지 그 자리에 있었기 때문에 성공하는 날도 온 것이라 생각한다. 실패할 것이 두려워 시작을 망설이지는 말자. 누구나 하는, 언제 어느 때 불시에 찾아올지 모르는 것이 이 실패라는 것인데 막상 부딪쳐보면 별거 아니다. 막상 넘어져 보면 그리 아프지도 않다. 그래서 오래

좌절할 필요도 없다. 대신 실패를 통해서 다시는 그런 실수를 반복하지 않을 지혜를 얻어야 한다. 실패는 성공으로 가는 데 필요한 깨달음을 충전시킨다.

실패를 두려워한다면 성공으로 가는 핵심 키(key)를 얻을 수 없게 된다. 그러니 실패에 대한 두려운 마음을 버리고 과감하게 도전해보자!

5 남과
비교하지 말자

"자신감이 뚝 떨어졌다면, 타인과 비교하지 말고 나를 조용히 바라보세요.
열등감과 우월감은 뿌리가 같습니다.
모두 삶의 기분을 타인에 두고 있다는 공통점이 있습니다.
내 삶을 내가 산다는 주인의식 없이, 내 삶을 남과 비교하기 때문에 생겨나는 심
리적 현상입니다."

— 법륜스님 '행복' 중에서

자신의 삶을 들여다보며 그냥 이 정도면 특별하진 않아도 괜찮다 싶
다가도 남과 비교하는 순간 초라해지는 자신을 발견하며 열등감에 빠지
게 된 적이 있을 것이다. 살다 보면 자기도 모르게 남과 비교하는 자신
을 발견하게 된다. 최근에는 페이스북, 트위터, 블로그 등 SNS를 통해
서 다른 사람들의 생활을 쉽게 접할 수 있다.

누구는 해외여행을 갔고, 비싼 레스토랑에서 식사를 하고, 명품을 사
고, 멋진 집을 짓고, 남부러울 게 없이 사는 그들을 보고 있노라면 나
는 왜 이 모양일까 생각을 하게 된다. 그러면서 갑자기 나타난 우울감과

좌절감으로 어딘가 텅 빈 것 같은 느낌을 받게 된다. 그런 이유 때문에도 되도록 SNS는 멀리하고 살고 있는데 며칠 전 친구의 메인 사진에 쓰여 있는 문구를 발견했다.

"남들의 하이라이트와 나의 비하인드를 비교하지 말자."

잘나가는 사람들로 인해 열등감에 빠져 우울할 사람들에게 충분히 위로가 되는 말이다.

경쟁사회에 살고 있는 우리는 남과 비교하지 않고 살 수는 없겠지만 그게 자신의 삶의 영역에서 많은 부분을 차지하게 된다면 큰 문제가 될 수 있다. 우리는 자신보다 부족한 사람보다는 뛰어난 사람과 비교를 하게 된다. 나보다 부족한 사람과 비교를 하며 자신의 우월감을 즐기며 안도하는 사람은 별로 없을 것이다. 나보다 뛰어난 사람들과 비교를 하며 멀쩡하던 자신의 자존감을 떨어뜨리고 열등감에 괴로워한다.

그런데 사람들이 항상 같은 모습으로 있지는 않다. 지금 나보다 부족한 사람이 언제 뛰어난 사람으로 변신해서 나의 부러움과 선망을 독차지하고 있게 될지 알 수 없다.

[남과 비교를 멈추고 현재에 집중하라]

〈해리포터〉 시리즈의 작가 조앤K. 롤링은 연봉이 무려 1,000억이라고 한다. 몇천억의 재산과 유명세를 보면 세상에 부러울 게 하나도 없을 것 같다. 하지만 그녀는 스물여덟 살이라는 젊은 나이에 이혼을 경험하고, 아이와 홀로 남아 빈곤층 생활보조금으로 지독하게 가난하게 살던 여자였다.

불우한 환경에서도 아이만은 제대로 키우기 위해 최선을 다했지만 끔찍한 빈곤으로 극단적인 선택을 하게 된다. 삶을 포기할 생각으로 수면제를 집어 든 순간 목 놓아 울어대는 아기의 울음소리에 다시 정신을 차렸다.

그 후 정신과 의사의 조언을 받고 그녀에게 긍정적인 경험을 주었던 글쓰기를 실천하게 된다. 1년 동안 열심히 글 쓰는 것에만 집중했고 그 글은 곧 해리포터라는 제목으로 세상에 알려지게 된다. 롤링은 가난과 싸우면서도 글 쓰는 작업을 계속해서 이어나갈 수 있었던 이유 중 하나는 딸에게 들려줄 동화를 만들기 위해서였다고 말했다. 부자가 되기 위해서도 아니고, 유명해지기 위해서도 아닌, 사랑하는 아이에게 들려줄 동화를 완성하기 위해 끔찍하고 지독한 가난을 이겨낸 것이다.

이렇게 탄생한 해리포터 시리즈는 전 7권으로 전 세계인의 사랑을 받으며 베스트셀러가 되었고 롤링은 영국의 부자 명단 100위권 내에 들 정도로 손꼽히는 부자가 되었다. 혹시 조앤 롤링의 가난하고 어려웠던 비하인드 스토리는 까맣게 잊고, 잘나가고 성공한 하이라이트만 기억하고 부러워하고 있지 않은가?

조앤 롤링이 잘 사는 사람들과 비참한 자신의 현실을 비교하며 절망했다면 해리포터의 역사는 존재할 수 없었을 것이다. 하지만 그녀는 그러한 함정에서 빠져나와 자신이 즐겁게 할 수 있는 글쓰기를 하며 아이에게 들려줄 재미있는 동화를 만들기에만 열중했다. 남과 비교를 멈추고 자신의 현재에 집중한 순간 마법처럼 새로운 현실이 펼쳐진 것이다.

남과 비교할 시간에 꿈을 만들면서 나의 성장을 키워간다면 더욱더 의미 있는 인생을 살 수 있을 것 같다. 마음을 바로잡고 나만의 삶을 살아가도록 하자.

"

고개를 들어라, 각도가 곧 태도다.

"

– 프랭크 시나트라 –

당당함을 키워주는
몸 언어

_4장

따뜻한 표정

영국 옥스퍼드 의과대학 연구팀은 어린아이와 어른의 웃음에 관하여 연구했다. 어린아이는 하루에 400~500번을 웃는데, 어른이 되면 이 웃음이 하루에 15~20번으로 감소한다고 한다. 사람은 기쁨과 웃음 속에서 태어나지만, 점점 기쁨과 웃음을 잃어버리며 삶을 마감하는 것이다.

어렸을 때 그렇게 기쁨 속에 잘 웃던 사람이 살면서 기쁨을 상실한 채 웃음을 잃어가는 이유는 실패를 경험하면서 거기서 오는 불안과 염려 때문이라고 한다. 하지만 우리가 고민하고 염려하는 일들 가운데 진심으로 걱정해야 할 일들은 과연 얼마나 될까?

노먼 빈센트 필 박사는 한 연구기관의 조사를 인용하여 '쓸데없는 걱정'이란 글에서 다음과 같이 말했다. 사람이 하는 걱정 중 절대로 발생하지 않을 사건에 대한 걱정이 40%, 이미 일어난 사건에 대한 걱정이 30%, 별로 신경 쓸 일이 아닌 작은 것에 대한 걱정이 22%, 우리가 어떻게 바꿀 수 없는 사건에 대한 걱정이 4%, 우리가 해결해야 할 진짜 사건에 대한 걱정이 4%이다. 결국, 사람들은 96%의 쓸데없는 걱정 때문에 기쁨도, 웃음도, 마음의 평화도 점점 줄어든 채 살아가고 있는 것이다.

웃음은 여유와 자신감의 표현이다. 항상 무언가에 쫓기듯 눈치를 보고 걱정을 하며 자신감 없이 사는 사람은 쉽게 미소를 짓지 못한다.

언젠가 우연히 다섯 살 때 할머니 집 마루에 앉아 찍은 나의 사진을 보게 되었다. 입을 함지박만 하게 벌리고 눈은 감겨 보이지 않은 채 손가락으로 브이를 그리며 우스꽝스럽지만, 세상 행복하게 웃고 있는 모습이었다. 하지만 언젠가부터 나는 이를 드러내지 않고 웃는 버릇이 생겼다. 아마도 사춘기에 접어들면서 예쁘지 않은 치아를 원망하며 그랬던 것 같다. 손으로 입을 가리고 웃거나 박장대소할 우스운 상황에서도 애써 웃음을 참으며 살짝 미소만 지었다.

[예쁜 미소 만들기 대작전]

사람들 앞에 서서 강의하면서 가장 신경 쓰이는 부분은 나의 미소였다. 좀 더 솔직해지자면 고르지 못한 나의 치아를 다른 사람들에게 여실히 드러내는 것이 몹시도 싫었다. 그래서 늦은 나이임에도 불구하고 치아교정을 하고자 마음먹고 치과에 갔다. 하지만 치아교정을 하지 않는 편이 더 좋겠다는 의사 선생님의 말씀에 좌절할 수밖에 없었다.

승무원이나 미스코리아, TV에 나오는 예쁜 연예인들의 모습을 보면서 어쩜 저렇게 자연스럽고 매력적으로 웃을 수 있을까 부러워했다. 물론 아름다운 미소를 타고난 사람도 있겠지만 연습을 통해서 만든 사람도 많을 것이다.

'언제까지 이렇게 자신 없는 미소로 살 수는 없어' 굳은 결심을 하고 예쁜 미소 만들기 대작전에 들어갔다. 시간이 날 때마다 거울을 보며 '김치, 위스키, 개구리' 등을 외치며 활짝 웃는 연습을 했고 운전을 할 때도 길을 걸어 다닐 때도 항상 예쁜 미소만을 기억하며 연습 또 연습 했다. 처음에는 무작정 활짝 웃는 연습을 했지만 과하게 억지웃음을 지으면 오히려 눈가에 주름이 더 돋보이게 되고 자칫 억지스럽게 부자연스러운 느낌을 줄 수도 있겠다는 생각이 들었다. 거울을 보며 나에게 어울리는 미소를 찾아가면서 조금씩 자연스러운 미소를 만들었다.

어떤 날은 예쁜 미소 만들기 연습을 하다가 입가에 경련이 와서 입이 잘 다물어지지 않을 때도 있었다. 그렇게 연습을 하다 보니 전보다 훨씬 자연스럽고 환한 인상으로 바뀌었다. 덕분에 강의를 할 때 청중들과 더 가까워져서 강의에 몰입할 수 있게 되었다.

레오나르도 다 빈치의 걸작 '모나리자'는 세계에서 가장 유명한 초상화 중 하나이다. 모나리자의 매혹적인 미소는 많은 시와 노래에서도 칭송을 받아 오고 있다. 모나리자의 미소를 보고 있으면 우아하면서 신비스럽기도 하고 보통 사람들과는 확실히 다른 무언가가 있다. 현재 이 그림의 가치는 2조 5천억 이상이라고 하는데 모나리자의 입꼬리가 조금만 아래로 내려가 있었다면 과연 그만한 가치의 명작이 되었을까?

미소 짓기를 어색해하는 사람들을 위해 도움을 줄 수 있는 미소 교정기라는 상품이 있고, 성형외과에는 입꼬리 교정술이 있는데 밝은 인상으로 변신할 수 있다는 광고를 본 적이 있다. 요즘 사람들이 그만큼 환한 미소를 갖고 싶어 한다는 것을 증명하는 것이다.

입꼬리 주위에 근육을 부드럽게 하면 아름다운 웃음을 지닐 수 있는데 평소에 얼굴 스트레칭을 자주 하면 많은 도움이 된다. 얼굴 스트레칭에는 입술을 오므린 뒤 눈을 크게 떠 깜짝 놀랐을 때의 표정을 짓거나, 입술을 좌우로 삐죽삐죽하거나, 입을 크게 벌리면서 목을 천천히 뒤로 젖히는 모습 등이 있다.

자연스러운 미소를 만드는 방법 몇 가지를 소개하면 다음과 같다.

1. 눈썹을 위로 아래로 왔다 갔다 한다.
2. 양쪽의 눈을 번갈아 가면서 윙크해준다.
3. 볼에 바람을 넣고 좌우로 이동해준다.
4. '아에이오우' 크게 발음하면서 입 운동을 한다.
5. 손가락으로 양쪽의 입꼬리를 올려준다.
6. 모음 'ㅣ'로 끝나는 단어를 5초 이상 유지해준다.
   (개구리, 위스키, 쿠키, 예쁜이, 멋쟁이, 미나리, 아가씨 등)

미소를 지으면 긴장이 풀리고 완화되면서 열린 마음과 함께 자신감도 생긴다. 강사는 강의를 시작할 때 미소로 청중과 만나야 한다. 강사의 미소가 청중들의 마음을 편하게 하고 강의 내용에 집중할 수 있도록 도와준다. 각자 자기만의 제대로 웃는 법을 익혀서 꾸준히 연습하고 환하고 자신 있는 미소로 대중에게 다가가자.

웃음은 자신을 어필할 수 있는 강사의 최고 언어다.

자연스러운
시선

한 심리학자는 눈빛은 심리를 반영하고 감정을 전달하기 때문에 의사소통에서 차지하는 비율이 70%를 넘는다고 말했다. 형사들은 범인들을 심문할 때 말보다 눈에서 더 많은 것을 알아낸다고 한다. 눈빛에서 진실하지 못하거나 무엇인가 숨기는 마음이 표현되기 때문이다. 눈에는 자신이 의식하지 못하는 사이에 여러 가지 표정이 담기게 된다.

사랑에 빠져본 사람이라면 눈빛의 중요성에 대해 더 이상 이야기하지 않아도 충분히 이해할 것이다. 상대방의 혈관에서 사랑의 호르몬인 페닐에틸아민을 솟구치게 하는 가장 쉬운 방법은 바로 눈 맞춤이다. 사랑한다는 백 마디 말보다 단 한 번의 눈빛이 진실한 사랑을 표현할 수 있기 때문에 사랑을 이야기할 때 우리는 눈의 표현을 중요하게 여긴다. 랄프 왈도 에머슨은 "사람의 눈은 혀만큼이나 많은 말을 한다. 게다가 눈으로 하는 말은 사전 없이도 전 세계 누구나 이해할 수 있다."라고 했다.

1989년 미국의 심리학자 캘러먼과 루이스는 생면부지 남녀 48명을 모집하여 한 그룹은 남녀가 특별한 지시 없이 한 공간에 있도록 하고, 또 다른 그룹은 2분 동안 남녀가 바라보고 있기라는 낭만적인 실험을 했다. 그 결과 2분 동안 남녀가 바라보고 있던 그룹이 그렇지 않았던 그룹에 비해 서로에 대한 호감도가 높았다. 눈 맞춤 만으로 서로의 호감도를 상승시킬 수 있고, 눈 맞춤은 호감도와 비례한다는 것을 알 수 있다.

[강사에게 집중된 청중의 시선]

초보 강사들이 강의를 할 때 어려운 부분은 여러 가지가 있겠지만 그 중에서 청중과의 눈 맞춤을 가장 어렵다고 말한다. 여러 사람의 시선이 나 하나로 고정이 되고 있을 때 그들을 자연스럽게 바라본다는 것은 매우 어렵다.

첫 강의가 주어졌을 때 2시간 강의를 위해 200시간 이상의 연습을 했다. 글을 쓰고 수없이 읽고 녹음을 해서 듣고, 표정과 제스처, 중간중간 농담까지 철저하게 계산하며 준비했다. 그런데, 완벽한 준비로 자신 있게 강의를 하러 간 순간 가장 중요한 것을 준비하지 못했음을 깨달았다. 바로 내게 집중된 여러 사람의 시선에 대한 것이었다. 많은 사람들이 나 한 사람만 바라보고 있는 것을 담담하게 받아들이기가 힘들었다. 그분들은 내가 강사니까 그냥 쳐다봤겠지만 나는 그 시선이 정말 부담스러웠다. 바로 긴장이 되기 시작했다. 긴장이 돼서 그런지 준비했던 것들이 머릿속에서 뒤죽박죽이 되는 것 같았다. 처음 본 사람들 앞에 서서 그동안 준비한 것을 혹여 실수라도 할까 잔뜩 긴장하고 있는데 자연스러운 시선이 나올 리가 없었다. 최대한 자연스러운 척 전체를 바라보고 있었지만 사실 아무도 제대로 보이지 않았다. 시간이 한참 흐른 후 우연히 그때 강의를 들으셨던 분을 만났다.

"선생님, 처음에는 어딘가 모르게 차가워 보였어요. 화가 난 것 같기도 했고요."

초보 강사임을 들키기 싫어서 더 열심히 했던 내 모습은 차갑고 화가 난 사람으로 보였나 보다. 목소리 떨림이나 표정들도 한몫했겠지만 그보다는 여유가 없는 시선 때문에 그렇게 느꼈을 것이다. 시간이 흘러 지금은 강의할 때 청중과 시선을 교환하는 시간이 즐겁지만 그때는 그런 여유가 없었다. 강사는 눈으로 청중과 대화하고 있다는 사실을 한참이 흐른 후에야 알 수 있었다.

강의뿐만 아니라 평소에 대화할 때도 시선 처리는 중요하다. 우리나라 사람들은 나이가 어린 사람이 연장자를 바라볼 때 눈을 똑바로 바라보는 것을 그리 탐탁하게 여기지 않는 경향이 있다. 눈을 똑바로 들여다보면 버릇이 없다거나 따지고 드는 것으로 오인하기도 한다.

상대방을 너무 뚫어지게 바라보고 있으면 서로 어색해지기도 하고 부담감과 혼란을 가중시킬 수 있다. 이처럼 상대를 제대로 바라보지 않아도 또는 상대를 너무 집중적으로 바라보아도 모두 적절한 것은 아니므로 자연스러운 시선은 매우 어렵다.

대화하거나 발표를 할 때 허공을 보고 말을 하거나 천장이나 바닥을 보고 말하기도 하고 심지어는 평소에 관심도 없던 벽지의 문양을 연구하는 사람도 있다. 눈을 마주치자니 어색하고 그렇다고 아래를 내려다보자니 어쩐지 주눅이 든 모양새로 보일까 걱정이 되어서 그러는 것이다.

시선 처리는 사람들 사이에서의 커뮤니케이션이나, 대중 앞에 섰을 때 매우 중요한 요소이다. 대화를 할 때 상대를 제대로 바라보지 못하는 사람은 남을 속이고 있거나, 불안하고 자신이 없는 경우가 많다. 대중 앞에서 불안한 시선 처리는 지금 떨고 있다는 것을 여실히 증명하고 있는 표현이기도 하다.

[효과적인 시선 처리]

가까운 거리에서 대화할 때 상대의 눈을 바라보는 것이 어색할 경우 상대의 미간이나 코를 보며 이야기하는 것도 좋은 방법이다. 코만 보는 게 아니라 눈동자의 움직임까지 시선에 들어올 수 있도록 눈 주위를 응시하라는 것이다. 한쪽 눈을 바라보고 반대쪽 눈으로 시선을 옮기고 코를 바라보다가 얼굴 전체를 바라보자. 이때 3~4초 동안 바라보고 시선을 옮기는 것이 특히 중요하다. 그러면 상대에게 집중하고 있다는 느낌을 줄 수 있고 자신감 넘치고 편안하게 눈을 맞추는 자신의 모습을 발견하게 될 것이다.

대화를 할 때 이야기를 듣는 상대의 입장에서의 시선 처리도 매우 중요하다. 상대방에게 내가 경청하고 있음을 알려주는 지지와 신뢰의 눈빛을 보내야 한다. 대화 중 다른 곳을 응시하면 대충 듣고 있거나 대화에 집중하지 않고 다른 생각을 하고 있다고 느껴진다. 상대방을 위아래로 훑어보거나 특정 부위를 자꾸 쳐다보는 것도 매우 부적절하다. 치아교정을 하고 있는 사람의 입을 보거나 흉터나 콤플렉스로 느껴질 만한 곳을 보는 것은 상대에게 불쾌감을 주기에 충분하다. 이처럼 대화를 할 때는 말을 할 때와 듣고 있을 때 모두 시선 처리에 신경을 써야 한다.

강의를 할 때는 가장 호의적으로 보이는 편안한 청중을 기준점으로 삼는 것도 효과적인 시선 처리를 할 수 있는 방법이다. 떨리고 얼굴이 달아오르는 상황에서 가장 편하게 느끼는 사람으로 시선을 보내고 마음의 안정을 찾는 다음 시선을 확장하다 보면 점점 청중이 다 보이게 되고 눈 맞춤이 훨씬 편안해질 것이다. 중앙에서 시선을 시작하여 오른쪽 왼쪽 중간으로 옮기며 청중들에게 고른 시선을 배분하는 것이 시선 처리의 핵심이다.

자료를 많이 봐야하는 프레젠테이션의 경우에는 자료 보기와 청중 보기를 5:5의 비율로 분배를 하면 강한 신뢰감을 제공하고 관심도 지속적으로 유지할 수가 있다.

어색하다고 피하지 말고 자연스러운 눈 맞춤으로 강한 신뢰감과 함께 자신감 있는 모습으로 다가가자.

반듯한 자세

미소와 눈빛은 말을 대신하는 강력한 몸 언어다. 더불어 몸의 자세 또한 나를 표현하는 중요한 도구이다. 다음 체크리스트를 보면서 평소 자신의 자세가 어떤 모습인지 생각해보자.

> 1. 시선을 땅 아래로 향하고 걷고 있는가?
> 2. 어깨와 등을 구부정하게 굽히고 있는가?
> 3. 팔자걸음을 걷고 있는가?
> 4. 팔짱을 끼고 시선을 위로 걷고 있는가?
> 5. 항상 누군가 보고 있다고 의식하고 있는가?
> 6. 팔을 힘없이 흔들며 걷고 있는가?

옷을 사서 바지 길이를 줄일 때, 높은 구두를 신고 있어도 다른 사람들보다 키가 작을 때, 버스 손잡이 잡는 것이 불편할 때면 영락없이 나의 작은 키는 콤플렉스로 다가온다.

어느 날 강의를 마치고 가진 모임에서 "선생님은 앞에서 서 계실 때 키가 작아 보이지도 않고 정말 당당해 보여요. 그런데 생각보다 키가 작으시네요."라는 말을 들었다. 실제 키에 비해서 크게 보이고 당당해 보였던 것은 분명 그동안 바른 자세를 갖도록 노력한 덕분이 아닐까 생각을 했다. 이처럼 바른 자세는 당당한 인상을 주고 키도 더 커 보이게 하는 효과가 있다. 하지만 자세가 삐뚤거나 구부정한 자세를 취하면 자신감이 없어 보이고 어딘가 어두워 보이기도 한다. 그런 자세라면 아무리 단정하고 말끔한 옷을 입었다고 해도 멋진 모습으로 보이기 어렵고 키도 작아 보이고 적극적이지 못한 인상을 줄 수 있다. 그뿐만 아니라 고개를 떨구고 어깨를 축 늘어뜨린 상태로 걷거나 팔짱을 끼면 자신의 기분도 처질뿐더러 다른 사람에게도 부정적인 신호를 준다.

[멋진 스피치를 위한 올바른 자세]

올바른 자세로 안정감 있게 서 있는 모습은 멋진 스피치를 위한 첫 번째 단계이다. 자세가 바르지 않을 때는 발성을 위한 좋은 공명을 만들어 낼 수가 없고 신뢰감을 주기도 어렵기 때문이다. 그러나 반듯한 체형은 하루아침에 만들어지는 것이 아니다. 긴 시간 책상에 앉아있어 등은 구부정하게 변하고 목은 앞으로 쭉 나오면서 아무리 바른 자세를 유지하려 해도 어깨가 기울거나 구부정함이 펴지지 않는 사람들이 있다. 이는 오랜 시간 바르지 못한 자세 습관으로 형성된 것으로 평소 생활 속에서 나타나는 신체 버릇에서 시작된 것이다.

신체 버릇은 평소 말을 할 때 입이 한쪽으로 올라가거나 어깨를 들썩거리는 버릇, 고개를 갸우뚱거리는 버릇, 한쪽 다리에만 힘을 싣고 서는 버릇 등으로 무의식적으로 행해지는 것으로 꼭 고쳐야 바른 자세를 가질 수 있다. 이러한 신체 버릇은 산만하거나 예의 바르지 못하다는 평가를 받을 수 있고 체형 불균형을 악화시켜 건강에도 이상이 생길 수 있다.

반듯한 자세는 대중 앞에 서서 스피치를 하는 순간뿐만 아니라 일상생활에서도 매우 중요하므로 자신의 경쟁력을 높이는 데 중요한 요소가 된다. 반듯한 자세의 기본은 허리를 세우고 어깨는 펴는 것인데 잠깐씩 벽에 기대어 서 있는 것이 반듯한 자세에 큰 도움이 된다. 그럼, 반듯한 자세를 위해 잠깐 연습을 해보자. 먼저 기댈 수 있는 평평한 벽을 하나 고르고 아래 순서에 맞춰 따라 해 본다.

1. 뒤로 돌아서 먼저 발뒤꿈치를 벽에 댄다.
2. 다음은 엉덩이가 벽에 닿게 한다.
3. 어깨를 쫙 펴서 벽에 닿게 한다.
4. 손바닥이 벽에 닿도록 붙인다.
5. 시선은 약간 위쪽을 향하며 뒤통수를 벽에 댄다.

처음엔 몇 초만 지나도 여기저기가 당기고 떨리고 어색하게 느껴지겠지만 하루에 한두 번 2~3분 정도 연습하면서 그 자세를 기억하도록 하

자. 허리와 어깨가 펴지는 그 감각을 기억하면서 일상생활에서도 적용해보면 그만큼 자신감도 함께 커진다.

대중 앞에 서서 말을 할 기회가 많아서 유난히 열정적으로 스피치 수업에 참여하셨던 분이 있었다. 쫙 펴진 어깨에 분명 바른 자세인데도 무언가 어색한 느낌이 들었다. 그래서 자세히 보니 바로 턱을 과하게 올리고 말을 하는 습관이 있었다. 혹시 턱을 들고 말하는 것을 본인은 알고 있는지 물었다. 그랬더니 "앞에 섰을 때는 이렇게 턱을 올리고 말을 해야 더 당당해 보이지 않습니까?"라고 대답했다. 그분은 그렇게 하는 것이 자신감 있고 당당하게 말하는 거라고 생각했던 모양이다. 하지만 그런 태도는 당당하게 보이기보다는 오히려 잘난 척을 하는 것처럼 보일 수 있다. 턱을 들고 말을 하면 청중은 강사가 자신을 무시한다거나 내려다본다고 오해할 수 있다. 기분이 좋을 리가 없다. 반대로 턱을 너무 아래로 하면 청중에게 눈을 흘기는 듯한 표정이 연출되어서 턱의 각도를 각별히 신경 써야 한다.

스피치의 기본자세를 정리해보자. 다리를 어깨너비 보다 약간 좁게 11자 형태로 벌려서 체중을 양발에 균등히 준다. 허리와 어깨를 곧게 펴고 턱을 약간 당긴 상태로 정면을 주시하자. 양팔 모두 가볍게 내리뻗거나 한쪽 팔은 내리뻗고 다른 팔은 자연스럽게 움직이게 하는 것이 좋다. 손은 바지 옆에 주먹을 살짝 쥔 채 붙여준다.

당당하고 안정감 있는 자세와 자신감 있는 인상으로 마음속 자신감도 키우자.

4 효과적인 제스처

대화에서 시각과 청각 이미지가 중요시된다는 커뮤니케이션 이론으로 메라비언의 법칙이 있다. 미국의 심리학자 앨버트 메라비언이 주장한 대인 커뮤니케이션에는 말, 목소리, 몸짓이라는 3가지 요소가 있다. 의사소통을 할 때 한 사람이 상대방으로부터 받는 이미지가 언어적인 내용은 7%, 청각이 38%, 시각이 55%를 차지한다는 내용이다. 즉, 효과적인 의사소통에는 말투나 표정, 눈빛과 제스처 같은 비언어적 요소가 무려 93%의 높은 영향력을 가지고 있다는 것이다. 덕분에 "행동의 소리가 말의 소리보다 크다."는 명언이 탄생했다. 따라서 스피치를 할 때도 제스처가 차지하는 비중은 매우 크다. 제스처는 보이는 스피치라고 해도 과언이 아니다. 제스처는 좀 더 실감 나게 표현하도록 도와주기도 하고 말의 리듬을 살리면서 청중들이 지루하지 않도록 이끌어주기도 한다.

[호기심과 시선을 사로잡는 적절한 제스처]

스피치를 잘한다고 인정받는 유명인들을 보면 대부분 적절한 제스처를 사용하여 상대방을 설득하고 신뢰를 주며 집중을 시킨다.

2018년 평창 동계올림픽 유치를 하는 데 1등 공신을 한 김연아 선수는 프레젠테이션 시작 전에 '조금 떨립니다'라고 말했다. 눈웃음을 지으며 손으로 '조금'을 표현하던 제스처는 매우 깊은 인상을 남겼다.

애플의 창시자 스티브 잡스는 프레젠테이션의 마술사로 제스처 활용의 귀재로 불린다. 스티브 잡스는 손바닥 펴 보이기를 자주 했는데 이는 자신의 말에 대한 신뢰감을 형성하는 제스처를 의미하므로 의도적으로 많이 사용했다고 한다. 또한 핵심적인 주제에 대해 이야기하기 전에는 턱에 손을 올려서 상대방으로 하여금 그 내용을 짐작하게 하거나 더욱 집중하게 만들기도 했다.

버락 오바마 미국 전 대통령은 스피치에서 손을 적절히 잘 활용하는 것으로 유명하다. 검지를 힘주며 강조하기도 하고 손을 가슴에 얹거나 주먹을 불끈 쥐기도 하면서 스피치의 내용을 더욱더 설득력 있게 표현한다.

적절한 제스처는 언어적 표현에 플러스 효과를 주기 때문에 스피치에 함께 사용하면 사람들이 집중하고, 기억하게 하는 데 도움을 준다. 스피치의 내용에 맞게 사용하고, 나의 특징 있는 제스처를 만들어 사용하면 사람들의 호기심과 시선을 사로잡을 수 있다.

제스처는 그저 의식적으로 손을 움직이기만 하면 되는 게 아니다. 충분히 연습하지 않은 상태에서 억지로 사용하다 보면 말과 박자가 맞지 않아 어색해지기도 한다. 제스처가 자연스러워지려면 무의식적으로 될 때까지 연습해야 하며 특히 손을 움직여야 한다. 그러기 위해서는 양손을 잡거나 바지선 쪽에 붙이지 말고 손을 자유롭게 풀어놓는 것이 좋다.

처음 스피치를 시작할 때는 손이 아래를 향하겠지만 강의가 진행되면서 스피치의 진행 속도와 리듬에 맞게 반응하다 보면 자유자재로 움직이게 된다. 높은 산에 갔을 때, 아쿠아리움에서 큰 고래를 봤을 때, 오르락내리락 하는 롤러코스터를 탔을 때 등의 상황을 표현할 때는 그런 모습이 그려지도록 몸짓을 한다.

제스처를 사용할 때 주의할 점은 같은 동작을 되풀이하는 것은 단조로운 느낌을 주어 청중이 금방 싫증을 낼 수 있기 때문에 처음부터 끝까지 같은 크기와 같은 모양의 제스처를 사용하지 않도록 한다. 박력 있고 힘 있는 스피치를 위해서 커다란 제스처를 과하게 사용하는 것도 좋지 않다. 처음에는 집중을 하게 되겠지만 강약 조절을 하지 않으면 결국에는 별다른 느낌을 받지 못하기 때문이다. 따라서 내용의 흐름에 따라 변화 있는 제스처로 흥미를 끌 수 있어야 한다.

여러 개의 제스처를 한꺼번에 익히고 사용하기보다는 나와 가장 자연스러운 제스처 한두 가지를 선택해 몸으로 익혀둔다면, 어디서든 적절하게 활용할 수 있을 것이다. 적은 인원을 상대할 때에도 제스처를 사용하면 말에 변화가 주어지고 힘과 따뜻함, 감정을 담을 수도 있으므로 풍부하게 손을 움직여서 활기차게 말하자. 적은 인원일 때에는 작게, 많은 인원일 때는 크게 움직인다고 생각하면 좋겠다.

[일상생활의 제스처]

일상생활에서 상대에게 호감을 받는 제스처에는 어떤 것이 있을까?

> 첫째, 상대와 눈을 맞추는 모습은 상대방의 말을 경청하고 있음을 나타내며 이해와 공감의 표시이다.
> 둘째, 몸을 상대 쪽으로 기울이는 행위는 상대와의 대화에 적극적으로 임하고 있다는 경청의 신호이다.
> 셋째, 상대의 행동을 모방하는 행위는 자연스러운 거울 행동으로 공감과 친밀도를 높이는 데 효과적이다.

반대로 삼가야 할 제스처도 있다.

> 첫째, 머리를 옆으로 기울이는 행위는 상대에게 신뢰감을 주지 못한다.
> 둘째, 입술을 축이는 행위는 상대에게 무엇인가를 감추고 있는 것처럼 비칠 수 있다.
> 셋째, 팔짱을 끼는 행위는 완고하고 부정적인 인상으로 비칠 수가 있다.

작은 동작 하나만으로 자신이 말하는 내용에 깊은 여운을 남기고 힘을 실을 수가 있듯이 사소한 표현 하나가 큰 차이를 만든다. 동작에도 자신감을 가지고 확신이 있어야 좋은 스피치를 할 수 있다.

적절한 제스처를 잘 활용해 호감을 얻는 사람이 되어보자.

5 호감 가는 스타일

앞에서 효과적인 의사소통에서 시각요소가 55%를 차지한다고 하였다. 그런 면에서 볼 때 다른 사람에게 호감이 가는 용모를 갖추는 것은 매우 중요하다. 용모는 중국 당나라 때 관리를 등용하는 시험에서 인물평가 기준 네 가지 중 '신언서판(身言書判)'의 '신(身)'에 해당하는 것으로 첫인상에 결정적인 영향을 미친다. 잘 손질된 헤어스타일, 단정한 옷차림, 화장법, 액세서리, 향기, 에티켓 등은 상대방에게 좋은 인상을 심어 준다. 나아가 용모는 겉으로 보이는 것을 넘어서 그 사람의 인품과 성격, 마음가짐을 가늠하게 하는 수단이기도 하다.

예전에 한 TV 프로그램에서 인상 깊은 실험을 한 적이 있다. 한 남자가 첫 번째는 깔끔한 헤어스타일과 멋진 정장, 반짝이는 구두를 신고, 두 번째는 정돈되지 않은 헤어스타일과 후줄근한 트레이닝 복장에 슬리퍼를 신고 호감도를 알아보는 실험이었다. 결과는 90% 이상이 첫 번째 깔끔한 차림의 모습에 호감이 가고 신뢰가 간다고 했다. 두 번째는 왠지 책임감이 없고 게으를 것 같아서 함께 일하고 싶지 않다는 독설까지 했다. 실험 결과만으로 단정 지을 수는 없지만, 우리가 이 실험을 통해 알 수 있는 사실은 사회생활을 할 때 평소의 나의 용모와 복장이 내 인상을 결정지어 버린다는 사실이다.

[호감 가는 스타일 만들기]

그렇다면 호감 가는 스타일을 위해서 기억해야 할 것은 무엇일까?

첫째, 시간과 장소에 어울리는 스타일이다.

상대방에게 좋은 인상을 심어줄 뿐만 아니라 공신력을 높이기 위해서 단정하면서도 상황이나 분위기에 적절한 용모와 복장을 하는 것이 중요하다. 용모와 복장이 단정치 못하거나 부적절할 경우 상대는 예의 없는 사람으로 평가하거나 심지어 자신들을 우습게 보고 무시한다는 생각을 가질 수 있다.

무대 앞에 서서 스피치를 해야 하는 순간에도 부정적인 영향을 미칠 수 있으니 용모와 복장에 철저하게 신경을 쓰도록 하자. 무대에서는 일반적으로 정장을 착용하는 것이 가장 무난하지만 요즈음에는 청중의 시선을 분산시키지 않는 범위에서 정장에 가까운 옷을 입는 것도 크게 문제 되지 않는다. 중요한 것은 어떤 상황에서 말하느냐, 듣는 청중이 누구냐를 먼저 생각해 이에 맞는 적절한 복장과 용모를 하는 것이다.

둘째, 지나친 개성은 금물이다.

패션잡지에서 금방 튀어나온 것 같은 지나치게 요란한 차림은 곤란하다. 강의를 하고 있는 지인 중 허리 아래까지 내려오는 긴 머리에 딱 달라붙는 반짝이 원피스를 즐겨 입는 분이 있다. 화장은 어찌나 진한지 본인의 눈보다 3배는 크게 보이고 새빨간 립스틱은 보기만 해도 부담스럽다. 그런 모습들은 일상생활에서도 부담스러운데 강단에 서서 강의를 한다면 청중 입장에서 부담스럽고 거북할 수밖에 없다.

또 남들과 똑같이 모방하는 것도 문제지만 그렇다고 너무 지나친 개성도 역시 문제다. 남들과 다른 자신만의 스타일로 강의를 사로잡는 것도 좋겠지만 그 선을 지키기 어렵다면 튀지 않는 선에서 무난한 수준의 객관적인 스타일링을 하는 것이 좋다.

셋째, 적절한 향수 사용이다.

좋은 향기는 상대방에게 호감을 심어줄 수 있고 좋은 이미지를 구축하는 데 도움을 주기 때문에 냄새에 민감한 현대인들에게 있어 향수는 하나의 필수품이 됐다. 적절한 향수 사용은 비즈니스를 할 때도 스피치에서도 긍정적 작용을 한다. 앞에서 강의를 하는데 얼마나 상관이 있을까 생각할지도 모르겠지만 청결하고 좋은 상태는 멀리서도 느껴진다.

내가 청중 입장에서 만났던 어떤 강사는 강의 시간에 담배 냄새가 나서 강의에 집중할 수가 없었다. 그래서 어서 강의가 끝나기만을 기다린 적이 있다. 담배 냄새 때문에 강의 내용에 집중하지 못한 것은 물론이고 강사에 대한 이미지도 좋지 않게 기억되었다. 흡연자의 경우 담배 냄새를 없애기 위해 향수를 이용하는 경우가 많은데 이때 향수를 과도하게 사용하면 담배 냄새와 섞여 오히려 역효과를 낼 수 있다. 좋은 향기가 나는 강사를 싫어할 청중이 어디 있을까? 좋은 말의 향기와 더불어 좋은 냄새를 맡게 하는 강사라면 그 말의 향기가 더 의미 있게 다가올 것이다.

66

겸손해져라.
그것은 다른 사람에게 가장 불쾌감을
주지 않는 종류의 자신감이다.

99

– 쥘 르나르 –

자신의 가치를
높이는 화법

_5장

1 매력적인 보이스

　강의를 할 때 말의 내용만큼이나 중요한 것이 말을 담는 그릇, 즉 발음과 목소리의 색깔이다. 부정확한 발음과 거친 음성은 듣는 사람을 힘들게 한다. 따라서 좋은 목소리와 발음을 구사하려는 노력을 계속해야 한다. 누구나 자신의 발음, 목소리의 높낮이, 말투, 말하기 방법 등에서 스스로 부족하다고 느끼는 부분이 있을 것이다. 사실 무엇이 부족한지를 아는 것만으로도 훨씬 나은 화법을 구사할 수 있다. 나는 ㄹ 발음이 잘 안 되고 톡톡 쏘는 말투 때문에 오해를 많이 받았다. 힘없어 보인다거나 어디 아프냐고 물어보는 사람도 있었다. 그래서 청중들은 강사의 목소리에 많은 영향을 받는다는 사실을 알고 보이스 훈련을 통해 개선하였다.

　그럼, 다음 목소리 진단표를 참고하여 자신이 고치고 싶은 항목을 떠올려보자.

목소리 진단표		
질 문	예	아니오
1. 크게 소리를 지르는 편이 아님에도 늘 허스키하고 걸걸한 소리가 난다.		
2. 목소리가 작다는 말을 자주 듣는다.		
3. 나는 화가 나지 않았는데 사람들이 "화났어?"라고 물을 때가 있다.		
4. 말투가 어린아이 같다는 소리를 많이 듣는다.		
5. 혀 짧은소리가 난다는 말을 들어보았다.		
6. 코맹맹이 같은 소리가 난다.		
7. 입을 크게 벌리지 않고 말하는 편이다.		
8. 웅얼거리듯 말하는 편이다.		
9. 말이 빠른 편이다.		
10. 말끝을 흘리는 편이다.		
11. 말을 더듬는 편이다.		
12. 호흡이 짧아 한마디를 할 때마다 숨을 들이마신다.		
13. 고함을 치거나 늘 세게 말하는 습관이 있다.		
14. 소리 톤이 지나치게 높거나 낮아서 말하고자 하는 바를 전달하기 어렵다.		
15. 늘 목이 쉰 듯한 소리가 난다.		

목소리 진단 결과

'예'의 개수 0~5개:
이미 목소리의 달인. 손동작이나 눈 맞춤 등 청중을 끌어들일 방법까지 알아두면 말하기 실력이 한층 더 좋아질 수 있다.

'예'의 개수 6~10개:
자신감이 부족한 상태로 목소리의 단점을 보완해서 좀 더 멋진 목소리로 만들어 보자.

'예'의 개수 11~15개:
발성이 상당히 어렵고 두려운 상태. 자신감을 가지고 발음과 발성부터 차근차근 익혀보자.

위의 표를 참고해서 주기적으로 자신의 목소리를 점검해 본다면 점점 더 나은 보이스를 갖게 될 것이다. 단점을 보완하는 것을 출발점으로 삼았다면 이제는 장점을 찾고 부각하는 데 집중해보자.

예를 들어 차분하게 말하는 사람은 다른 사람보다 쉽게 신뢰를 얻을 수 있다. 차분한 목소리에 온화한 미소까지 곁들인다면 신뢰와 호감이라는 두 마리 토끼를 잡을 수 있다. 김주하 아나운서는 굵고 낮은 음성을 자신의 콤플렉스로 생각하고 있었다고 하는데 지금은 그것을 장점으로 살려 자신만의 화법으로 대중들에게 신뢰와 지지를 받고 있다.

자기 목소리를 장점을 살리기 위해서는 먼저 자신의 목소리를 들어보는 것이 좋다. 자신의 목소리를 처음 녹음해서 들어본 사람은 흔히 "이

건 내 목소리가 아닌 것 같아." "내 목소리가 이렇게 이상했어?"라고 말을 한다. 자신의 목 안에서 귀를 거쳐 듣는 목소리와 입 밖으로 흘러나오는 목소리가 다르므로 진짜 자신의 목소리를 정확하게 알고 싶으면 직접 녹음을 해서 들어보는 방법이 가장 적합하다. 그렇게 했을 때 대중에게 들리는 자신의 목소리를 객관적으로 평가하고 개선책을 강구할 수 있다.

목에서 나오는 소리보다는 배에서 나오는 목소리가 안정감 있고 부드러워서 듣는 사람도 편하다. 같은 말을 하더라도 배에서 소리를 낼 때 자신의 말을 더 잘 전달할 수 있다. 따라서 말을 할 때 의도적으로 배에 힘을 주고 말을 하는 복식 호흡법을 먼저 익히자. 목에 걸려서 나오는 목소리는 목이 아프게 되고 큰 소리로 말을 하다 보면 쉰 소리가 난다. 그러니 이제부터라도 말을 할 때마다 목에서 소리를 내지 말고 배에서 내는 습관을 길러보자.

목소리를 개선하려면 적극적인 투자를 해야만 효과를 볼 수가 있다. 신문이나 책을 읽을 때마다 소리 내어 읽는 것도 한 방법이다. 과장될 만큼 입을 크게 벌리고 자신이 낼 수 있는 한 가장 큰소리를 내어 보자. 소리를 내 읽는 습관이 붙으면 양손으로 두 귀를 앞쪽으로 모으고 다시 한번 읽어보기 바란다. 녹음된 자기 목소리와 거의 비슷한 소리를 들을 수 있을 것이다.

마음의 문을 여는 첫마디

   사람은 하루에 보통 서른 번 정도의 대화를 한다고 한다. 이렇게 대화를 할 때 즐거운 말이나 때에 맞는 말을 하면 서로의 긴장감을 누그러뜨리고 즐거움을 안겨줄 수 있다. 특히 자연스럽고 모든 사람이 쉽게 이해할 수 있는 첫마디의 말은 상대방의 흥미를 돋운다. 그러므로 설사 상대방에게 나쁜 감정이 있더라도 첫마디는 부드럽게 해야 한다.

   말하기 전에 30초 정도만 입장을 바꿔 생각해보면 최소한 비웃음과 비난의 말은 피할 수 있다. 그렇다고 눈치를 봐가며 상대방의 비위를 맞추기 위해서 전전긍긍하라는 얘기는 아니다. 부드럽고 온화한 표정과 상대가 관심을 가질 만한 주제로 대화를 시작하면 상대방도 우호적인 분위기로 나에게 다가올 수 있다.

[흥미와 호기심을 자아내는 첫마디]

그렇다면 상대방의 주의를 집중시키고 마음을 열고 다가오게 하기 위해서는 첫마디를 어떻게 하는 것이 좋을까? 우선 과거 얘기보다는 현재나 미래의 이야기를 하는 것이 좋다. 사람들은 과거보다는 현재나 미래에 더 관심이 많기 때문이다. 사람들은 최근 이야기에 더 귀를 기울이기 마련이다. 어렵고 논리적인 이야기보다는 주변에서 자주 접하는 뉴스나 화젯거리가 좋다.

그리고 사람들은 누구나 '자신'에게 관심이 많기 때문에 상대방의 가족관계, 취미, 패션스타일, 아끼는 물건, 업무, 인맥 등을 알아두는 것이 좋다. 그런 내용을 중심으로 얘기를 시작하면 부드럽게 대화 속으로 빠져들어 갈 수 있다.

아무리 생각해도 좋은 첫마디가 생각나지 않는다면 그날 겪은 일 중에서 기억에 남는 것을 끄집어내며 얘기를 시작하는 것도 하나의 방법이다.

"아침에 눈이 와서 출근할 때 길이 너무 미끄럽던데, 괜찮으셨어요?"

특히 첫마디를 질문으로 시작하면 상대방의 흥미와 호기심을 자아낼수 있기 때문에 보다 높은 호응을 끌어낼 수 있다. 그리고 그렇게 말하면서 미소를 머금는다면 상대방의 마음을 여는 데는 금상첨화라 할 것이다.

첫마디를 본론에서부터 시작하는 것은 좋지 않다. 본론부터 얘기한다면 갑자기 분위기가 경직될 수도 있고, 마음이 열리지 않은 상태에서 성급한 결론을 내리다 보면 엉뚱한 방향으로 대화가 흘러갈 수도 있다.

강의할 때도 같은 상황이라 생각하면 된다. 누구나 일반적인 이야기로 정겹게 시작해야지 특정 정치나 종교와 같은 찬반이 입장이 다르고 호불호가 명확한 내용에 대해서는 논란이 생기고 대립할 가능성이 크기 때문에 화제로 올리지 않는 것이 좋다.

일단 첫마디를 부드럽게 시작하고 청중이 마음을 열면 이어서 본론으로 들어간다. 정감 있는 표현으로 시작해보면 상대가 좀 더 편안하게 마음을 열고 말문을 열기도 쉬울 것이다. 강의를 시작하면서 유난히 어려운 용어나 말을 일부러 사용하는 사람들이 있다. 아무리 쉬운 말을 하더라도 자신의 의사가 100% 전달되기 어려울 텐데 지나치게 어려운 용어를 사용하는 것은 상대를 제압하려는 인상을 주거나 무시한다는 느낌이 들어 거부감을 느끼게 하므로 주의하는 것이 좋다.

강사의 의도가 잘못 전해지면 아무 의미가 없으므로 청중이 잘 알아듣도록 될 수 있으면 쉬운 말을 하고 잘 이해하며 듣고 있는지 확인하며 이야기를 전개해 나가자.

3 이름
불러주기

"상대방의 이름을 부르는 일은 사람이 하는 말 중 가장 달콤하면서 가장 중요한 소리임을 기억하라"

데일 카네기는 그의 저서 '인간관계론'에서 이름을 부르는 것의 중요성에 대해 이와 같이 말하고 있다.

미국인들의 가장 많은 사랑을 받았던 루스벨트 대통령이 퇴임 후 다시 백악관을 방문하는 기회가 생겼다. 그는 함께 일했던 직원들을 일일이 찾아다니며 만났다. 그는 주방에 근무하는 말단 직원에 이르기까지 그 이름을 기억했고 친절하게 안부를 묻곤 했다. 그들은 그때의 일에 대해 눈물을 글썽이며 다음과 같이 말했다.

"대통령이 바뀐 뒤 2년 동안 이렇게 기쁜 날이라고는 아마 없었을 겁니다, 이 기쁨은 돈을 주고도 살 수 없는 것입니다"

이름을 기억해서 불러주었을 뿐인데 그토록 감동하며 기뻐한 것이다.

"내가 그의 이름을 불러주었을 때 그는 나에게로 와서 꽃이 되었다."

누구나 잘 알고 많이 들어봤을 김춘수 시인의 '꽃' 중 한 구절이다. 존재는 그 자체로 실체이지만 이름이 불렸을 때 관계의 의미가 생성된다. 서로 의미 있는 존재가 되기 위한 중요한 매개체는 역시 이름이다. 상대 방의 이름을 불러주는 것은 곧 의미를 부여하는 것이고 의미 있는 존재 가 된 상대는 좋은 관계가 될 가능성이 커진다.

무엇보다 듣는 사람은 자신의 이름을 기억해주고 불러주는 상대에게 저 사람이 나에게 호감이 있구나 하며 친밀감을 느끼게 된다. 어떤 경 우에는 칭찬보다 더 큰 효과를 불러온다. 이렇게 이름을 불러주는 방법 은 다양한 관계에서 예기치 못한 효능을 발휘하게 된다. 이제 막 입사 하여 동료와 어색하다면 서로가 편해지기까지 오랜 시간이 걸릴 수 있 다. 하지만 누군가 자신의 이름을 불러주면 쉽게 마음을 열게 된다.

'새해 복 많이 받으시고 항상 건강하시길 바랍니다.'

이런 식으로 새해에 받았던 문자에 기분이 좋아지며 답장을 하고 싶 은 사람은 없을 것이다. 지인이 나에게 이런 문자메시지를 보냈을 때 귀 찮은 스팸 문자라 생각이 들고 오히려 안 보내는 것이 좋겠다는 생각도 든다. 하지만 내 이름을 담아서 진심으로 보낸 문자에는 나를 생각해 주는 마음에 감동하며 감사하게 답장을 했던 경험이 있다. 이름을 불러 준다는 것은 그 사람에 대해 감사와 칭찬과 인정 등 여러 의미가 담겨 있다.

친하지 않은 사이일수록 간단한 말에도 상대의 이름을 넣어 관심을 보이자. 반대로 이미 익숙해진 관계에서도 상대의 이름을 불러주면 관계에 긴장감을 주는 효과가 있다. 10년 넘게 함께 산 부부는 대부분 누구 아빠, 누구 엄마로 불려서 서로의 이름을 부르는 일이 어색하다. 나는 이름을 불러주는 것을 좋아하고 의미를 부여하는 편이다. 난 아직도 남편의 이름을 부르고 있고 '미진아'라고 불리길 바란다.

강의를 할 때도 마찬가지다. 몇 회씩 이어지는 강의가 아닐 때는 당연히 강의하면서 청중의 이름을 미리 알 수는 없다. 청중에게 질문할 때 "어떻게 생각하시나요?"라고 했을 때보다 "이름이 뭐예요?" 먼저 묻고 "○○ 씨의 생각은 어떤가요?"라고 했을 때 청중의 반응은 훨씬 더 적극적이다.

강의를 마치고 내 이름을 불러주며 인사를 하는 청중의 진심은 충분히 감사와 설렘으로 다가온다. 이처럼 이름을 자주 불러주는 것만으로도 충분히 상대에게 좋은 인상을 심어주는 것은 물론 관계의 적절한 긴장감까지 유발할 수 있다.

4 상대를 존중하는
경청

카카오톡, 페이스북, 인스타그램 등 '소통'을 위한 IT 기술은 발전했지만, 막상 진정한 '소통'은 부재한 시대다.

SNS에서의 제한된 소통은 잘하지만 직접 만나서 대화하는 것은 더 어려운 하는 경우가 있다. 대화에 어려움을 겪는 이유는 무엇 때문일까? 바로 상대 의견을 잘 듣지 않기 때문이다. 내 말만 하려면 굳이 대화를 할 필요가 없다. '죽이는 대화'를 버리고 '살리는 대화'를 하기 위해서는 먼저 상대가 하는 말을 잘 들어줘야 한다. 나의 입장과 생각을 이해시키기 위해서 말을 많이 하고 싶지만, 우선 상대의 말을 충분히 들어주는 것이 중요하다.

상대방의 말을 들을 때의 듣는 태도를 굳이 구분하자면 5가지 단계로 구분을 할 수 있다.

1단계는 멀뚱히 바라보고만 있을 뿐 귀를 닫은 상태로 '저 사람은 늘 하는 소리가 똑같은 소리야'라고 생각하며 마음속으로 딴생각을 하거나 딴짓을 하며 무시하는 태도이다.

2단계는 주시는 하고 있어도 마음은 딴 곳에 가 있는 상태로 말하는 사람에 조금의 관심을 보이며 듣는 척하는 태도이다.

3단계는 자기가 듣고 싶은 말만 골라서 듣는 상태로 어떤 것은 듣고 어떤 것은 안 듣는 선택적 듣기의 자세이다.

4단계는 상대방이 무엇을 말하는지에만 관심을 기울이거나 집중하여 자신의 경험과 비교해서 듣는 태도인데 상대방을 공격하기 위한 자기방어적 입장에서 듣는 경우가 많다.

5단계는 듣는 사람이 자기 자신을 벗어 버리고 말하는 상대방의 말·의도·감정을 이해하기 위해 가슴과 마음으로 듣고 대답하는 태도이다. 이 공감적 듣기의 태도는 비로소 완전에 가까운 의사소통이 이루어지는 단계라고 할 수 있다.

"그의 입장이 되기 위해서는 그의 신발을 일주일 동안 신어 보아야 한다."

인디언 속담에 이런 말이 있는데 진정으로 그 사람을 이해하는 것이 그만큼 어렵다는 뜻이다. 5단계의 진심으로 공감하며 경청을 하면 상대방의 관심사를 파악할 수 있고 그 사람을 이해하기가 쉽다. 사람의 심리는 언제 어디서나 자신이 귀한 존재로 인정받고 싶어 하는데 '당신에 관한 것은 언제나 마음에 담아두고 있습니다'라는 점을 상대에게 인식시키는 것이다. 즉, 자기를 나타내는 것이 아니라 상대의 안위나 이익에 대해 늘 염려하고 있다는 인상을 주는 것이다.

[상대방을 중심에 두고 존중하라]

상대의 관심사를 알아두었다가 그에 관련된 말을 해주면 상대방은 크게 감격하며 즐거워한다. 상대방을 중심에 두고 어떤 관심사를 가졌는지 끊임없이 살펴주는 배려가 있어야 좋은 한 마디가 나오고 상대방의 마음도 활짝 열리는 것이다.

상대에게 존중받고 있다는 느낌을 받을 때 상대는 내게 더 너그러워지는 법이다. 물론 상대의 말을 들을 때는 상당한 인내심이 필요하다. 하지만 대화에서 내 목소리가 많이 들릴수록, 그것은 실패한 대화이고 내가 얻는 것보다 잃는 것이 많다는 사실을 기억하자.

또한 상대의 말을 잘 '경청'한 뒤에는 다음과 같이 '공감'하는 말로 리액션을 해주는 것이 좋다. "그랬구나…"로 시작하고, 주어는 '나로 시작한다. "그랬구나. 나라도 정말 화가 많이 났을 거 같아." "그랬구나. 내가 너라도 잘 참지 못했을 것 같아." 이런 방식이다.

대화의 능력자가 되고 싶다면 '50% 경청' '30% 공감' '20% 말하기'

의 비율을 기억해 둘 필요가 있다. '경청'의 한자어는 '傾聽'이고 공감의 한자어는 '共感'이다. 둘 다 마음 심(心) 자가 들어 있다. 대화는 서로 마음을 주고받는 소통의 과정이다. '경청'하고 '공감'하는 능력을 기른다면, 수준 높은 대화를 할 수 있고 더욱 깊은 신뢰관계를 맺을 수 있다.

대중을 상대로 강의를 할 때도 청중의 질문이나 궁금해하는 점을 미리 알아보거나 설문을 통해 파악한다면 강의에 몰입하는 정도가 깊어짐을 알 수 있다. 그들이 궁금해하는 것을 잘 알수록 강사는 더 잘 말할 수 있다. 그래서 항상 듣는 것이 먼저다.

5 적절하게 칭찬하기

나폴레옹은 칭찬받기를 싫어하는 사람으로 알려져 있다. 어느 날 부하 한 명이 나폴레옹에게 이렇게 말하였다.

"저는 각하를 대단히 존경합니다. 그것은 각하의 칭찬을 싫어하는 그 성품이 마음에 들었기 때문입니다."

이 말을 들은 나폴레옹은 싫어하는 표정을 지은 것이 아니라 몹시 흐뭇해했다고 한다. 사람들이 얼마나 칭찬에 목말라 있는지 짐작할 수 있는 사례다.

칭찬은 화술 책뿐 아니라 자기계발서에서 빠지지 않고 등장하는 하나의 지침이다. 그만큼 우리 일상 곳곳에서 영향력을 발휘하고 있다. 칭찬을 받으면 누군가에게 인정받으니 저절로 용기가 생기고 당연히 어깨가 으쓱해진다. 하지만 이야기 내내 칭찬만 한다면 상대방은 입에 발린 칭찬이라고 생각할 것이고 할 말이 딱히 없어서 예의상 분위기를 맞추기 위해 칭찬을 한다고 생각할 것이다. 따라서 칭찬은 좋은 것이지만 무조건 칭찬만 한다고 해서 상대방이 나에게 호감을 갖거나, 칭찬으로 그 사람이 용기를 얻거나 자존감을 갖게 되는 것은 아니다.

몇 년 전 여행을 가서 알게 된 동생이 있는데 처음 만나는 순간부터 헤어질 때까지 나에 대한 칭찬을 아끼지 않는다. 많이 가까워진 지금도 열심히 나를 칭찬하기 바쁘다. 처음에는 기분이 좋고 절로 웃음이 나왔지만, 너무 많은 칭찬을 듣다 보니 요즘엔 과연 진심일까 하는 의구심이 든다. 무엇이든지 남용은 부작용을 낳는다. 부모가 자녀에게 칭찬을 할 때도 마찬가지다. 자녀의 기를 살려준다고 아무 때나 무턱대고 칭찬을 한다면 더 이상 아이는 그 칭찬에 반응하지 않게 될 것이고, 오히려 독이 되기도 한다. 그래서 칭찬도 적절하게 적당한 상황에서 할 때 그 효과를 발휘할 수 있다.

[너는 특별한 능력이 있단다]

앞을 못 보는 한 아이가 있었다. 어느 날 수업 중 갑자기 쥐 한 마리가 아이의 교실 여기저기 휘젓고 다녔다. 교실은 순식간에 아수라장이 되었고 놀란 아이들이 고함을 지르고 울기도 하고 의자 위에도 올라갔다. 그리고 잠시 후 쥐는 어디론가 숨어버렸다. 순간 모든 곳이 멈춘 듯 교실 안은 조용해졌지만 어디서 다시 쥐가 나올지 모르는 불안감에 긴장되었다. 그때 선생님이 앞을 못 보는 소년에게 혹시 쥐가 어디 있는지 아느냐고 물었다. 소년은 잠시 귀를 기울이고는 '저쪽 구석 탁자 밑에 있어요'라고 대답했고 결국 쥐를 잡을 수 있었다. 그때 선생님이 그를 칭찬했다.

"스티비야, 넌 우리 반 친구들 누구도 갖지 못한 능력을 가지고 있다. 너의 그 특별한 청력으로 친구들의 불안감을 모두 없앨 수 있었어."

이 소년이 바로 미국 명예의 전당에 오른 시각장애인 가수 스티비 원더(Stevie Wonder)이다. 선생님의 진심 어린 칭찬과 격려로 자신의 청력을 감사하며 높이 평가할 수 있었다고 한다. 칭찬은 "나는 너를 인정한다. 너는 값진 사람이다. 너는 소중한 사람이다."라는 메시지를 담고 있다. 만약 선생님이 그때 스티비 원더에게 적절한 칭찬을 하지 않았다면 그의 미래는 어떻게 되었을까?

미국의 한 저명한 외과의사에게 어떻게 해서 의사가 되었느냐고 물었더니 다음과 같이 말했다.

"나는 초등학교 때부터 다루기 곤란할 정도의 난폭한 문제아였는데 어느 날 선생님이 우연히 내 손을 만져보고, '네 손은 참으로 훌륭하고 민감해 보인다. 이 손으로 너는 값진 일을 할 수 있을 것'이라고 말씀하셨습니다. 매일 꾸중과 질책만 들으며 살아오던 나에게 선생님의 이 한마디 칭찬의 말은 낭랑하게 울려오는 나팔 소리와도 같았어요. 학교를 졸업하고는 그 선생님의 말씀대로 외과의사가 되기로 결심하고 온갖 노력을 기울이면서 곤경에 빠져있을 때마다 그 초등학교 선생님의 낭랑하신 말씀이 머릿속에 되살아나 어려움을 극복할 수 있었습니다. 이것이 내가 외과의사가 된 동기요, 나를 쓸모 있는 사람으로 만든 원동력이 되었습니다."

이렇듯 타인의 장점을 발견해내고 적절한 칭찬을 하면 그 사람은 자신의 잠재력을 최대한 발휘할 수 있게 되고 전혀 다른 사람으로 변모하게 된다.

〈칭찬은 고래도 춤추게 한다〉의 켄 플렌차드는 다음과 같이 칭찬의 십계명을 제안했다. 칭찬을 생활화하기 위해서 기억하고 실천해보자.

① 칭찬할 일이 생겼을 땐 즉시 그 자리에서 칭찬하라.
② 구체적으로 칭찬하라.
③ 가능한 한 공개적으로 칭찬하라.
④ 결과보다도 과정을 칭찬하라.
⑤ 사랑하는 사람을 대하듯이 칭찬하라.
⑥ 과장하지 말고 진솔한 마음으로 칭찬하라.
⑦ 마음과 관점을 긍정적으로 바꾸고 보면 칭찬할 만한 일이 보인다.
⑧ 일의 진척상황이 여의치 않을 때일수록 더욱 격려하고 칭찬하라.
⑨ 잘못된 일이 생기면 관심을 다른 방향으로 유도하라.
⑩ 가끔 자기 자신을 스스로 칭찬하라.

6 유머 있게
말하기

내가 가장 인간적으로 좋아하는 교수님이 있는데 그분은 언제나 유머러스하고 유쾌하다. 강의실 밖에서 만났을 때나 수업을 할 때도 항상 그런 식이다. 수업시간에 별 내용 없이 웃고 떠들고 끝나는 느낌이지만 신기하게도 정말 중요한 내용은 쏙쏙 기억에 남는다. 아무 생각 없이 그저 웃다가 수업이 끝났는데 중요한 사건이나 숫자 같은 것들을 모두 기억할 수가 있었다.

1789년은 프랑스 혁명이 일어난 해다. "어려운 것은 잊어버리고 1789는 참 쉽죠~ 이런 거 하나쯤 기억을 하고 있으면 우리가 얼마나 유식해 보입니까? 하하하." 이런 식으로 말씀하셨는데 난 아직까지 프랑스 혁명을 기억하고 있다. 이것이 교수님만의 마법 같은 가르침 방식이다. 정말 유머러스하고 웃기는 분이지만 절대 가볍거나 우스워 보이지 않으시고 존경하게 되는 묘한 분이시다.

주변에 인기 있는 사람들을 살펴보면 아마도 대부분 유머 감각이 풍부한 분들일 것이다. 남을 웃게 하면서 자신의 메시지를 효과적으로 전달한다는 것은 멋지고 신나는 일이다. 같은 말을 해도 남에게 부담감을 주는 경우와 얼굴에 미소를 머금게 하는 경우가 있다.

비행기 좌석에 금연 문구를 써 붙인다고 할 때, 보통의 경우, "기내 흡연은 법으로 금지되어 있습니다."라고 할 것이다. 그러나 사우스웨스트 항공사에서는 이렇게 써 붙여놓았다고 한다. "흡연을 원하시는 분은 비행기 날개 위에 있는 라운지를 이용하시기 바랍니다. 그곳에서는 〈바람과 함께 사라지다〉가 상영되고 있습니다." 이렇게 유머는 어떤 상황에서도 활용될 수 있고, 직설적으로 얘기했을 때보다 더 강렬한 인상할 남길 수 있다.

유머를 잘 활용하는 사람은 그렇지 않은 사람과 비교해 여러 면에서 유리하다. 어렵고 복잡했던 문제가 유머 한 마디에 의해 풀릴 수가 있고, 어딘가 어색하고 거리감이 느껴지던 사람을 가까워지게 할 수도 있다. 그뿐만 아니라 적개심이 가득한 경쟁상대의 예리한 공격도 유머 한 방으로 날려버릴 수가 있다. 그런데 같은 유머를 해도 박장대소를 하게 하는 사람이 있는가 하면 썰렁하게 만드는 사람도 있다. 그뿐만 아니라 같은 유머라 해도 어떤 사람에게는 통하고 또 어떤 사람에게는 통하지 않는다. 그래서 유머 있게 말하는 방법을 계발해 나가야 한다.

"나는 재임 기간 여러분에게 20년 이상의 뉴스거리를 제공했습니다."

이것은 임기 만료를 앞둔 클린턴 대통령이 백악관 출입 기자단과의 만찬에서 한 말이다. 기자들은 이 말에 웃음을 터뜨렸다. 세상에 알려진 대로 클린턴은 르윈스키와의 성 추문 사건 때문에 한때 엄청난 곤욕을 치르기도 했지만, 이제는 그것을 유머의 소재로 삼을 만큼 여유가 생겼다는 뜻일 것이다. 클린턴의 스캔들을 모르는 기자들은 없었기 때문에 모두 공감하는 마음으로 웃을 수 있었다. 하지만 그런 사실을 전혀 모르고 있는 사람이라면 클린턴의 한마디가 왜 우스운지 절대 이해할 수 없었을 것이다. 이처럼 유머는 그 상황의 분위기와 성격에 맞을 때 더 빛을 발하고 즐거움을 줄 수 있다. 유머는 유쾌하고 부드럽게 사람들의 마음을 빨아들이는 힘이 있다. 이제는 강하고 날카로운 지적보다는 웃음으로 사람들의 마음을 사로잡는 부드러운 카리스마가 통하는 시대가 온 것이다.

유머는 단지 상대방을 즐겁게 하기 위해서만 필요한 것일까? 물론 좋은 유머는 듣는 이에게 순간의 즐거움과 오랜 여운을 남긴다. 그러나 여기서 그치지 않고 유머는 말하는 사람에게도 만족감과 함께 자신을 격려하는 힘이 된다. 유머 감각이 있다는 것은 마음에 여유가 있다는 뜻이기도 하다. 비유와 함축이 제대로 이루어지면 유머는 품위를 갖게 된다. 유머가 품위를 잃으면 음담패설이나 저속한 잡담이 되어버릴 수 있다. 간혹 자신을 지나치게 비하하거나 사람들의 약점을 웃음거리로 이용하는 유머를 듣게 된다. 또 남녀의 특정 신체 부위를 암시하는 외설적인 표현을 사용하여 웃음을 자아내려는 경우도 있다. 이런 식의 저급한 유머는 듣는 사람을 수치스럽게 하거나 혐오감을 줄 수도 있다. 품위 있는 유머를 갖추어 한마디를 하더라도 말에 깊이와 맛을 더하는 진정한 유머맨이 되도록 하자.

유머를 제대로 활용하려면 어떤 노력이 필요할까?

첫째, 매일 뉴스와 최신 정보 등을 공부해야 한다.

상대방을 웃게 하려면 배경 지식이 있어야 하는데 단순히 여기저기서 주워들은 한두 가지로는 오래 버티지 못하기 때문이다. 배경 지식은 다른 사람의 유머를 재빠르게 이해하고 핵심을 잡아내는 데 필요한 부분이기도 하다. 비행기를 타거나 인터넷을 통하여 가끔 접하게 되는 외국인들의 유머는 우리말로 해석해서 들으면 쉽게 이해가 안 될 때가 있다. 이것은 그들 유머에 대한 배경 지식이 없기 때문이다.

둘째, 연습, 또 연습이 필요하다.

TV에 일주일에 한두 번 나오는 개그맨들도 그 몇 분을 위해 일주일 내내 연습을 한다고 한다. 아마추어인 당신이라면 더욱더 많은 연습이 필요하지 않을까. 재미있는 이야깃거리를 찾아내서 시도했는데 막상 사람들이 별로 웃지 않았을 때가 있었을 것이다. 그렇지만 그렇다고 해서 실망하고 앞으로는 하지 않으리라 결심할 필요는 없다. 유머를 재미있게 터뜨리는 방법 또한 꾸준히 연습해야 한다.

셋째, 타이밍을 놓치지 말라.

아무리 많은 유머를 준비했어도 무작정 아무 때나 할 수는 없다. 유머가 상대방에게 통할 수 있는 그 틈을 타서 상대방의 관심을 끌어내고 표현해야 한다.

넷째, 눈 딱 감고 미친 듯이 오버하라.

상대방의 주의를 집중시키기 위해서는 어느 정도의 오버가 필수적이다. 같은 상황에서 같은 이야기라도 어떤 사람이 시도했느냐에 따라서 그 결과가 달라지기도 한다. 이것은 사람마다 표현하는 목소리의 변화나 몸짓이나 손짓, 표정 등이 다르기 때문이다. 자신 없이 어설프게 한 번 시도해볼까 한다면 실패할 가능성이 매우 크다. 그러니 눈 딱 감고 평소의 나를 버리고 오버를 하자.

💬 유머 있게 말하기 7가지 기능

1. 상황과 분위기에 맞는 유머를 하라.
2. 자기 유머에 자기가 먼저 웃지 마라.
3. 언제나 상대방을 존중하는 유머를 하라.
4. 복잡하지 않고 간결하고 핵심이 있는 유머를 구사하라
5. 청중이 충분히 공감할 유머를 구사하라.
6. 누구나 경험했을 것 같은 평범한 소재에서 찾아라.
7. 청중이 이해 못 한 것 같더라도 반복하지는 마라.

진심으로
말하기

〈어린 왕자〉라는 아름다운 책을 쓴 생텍쥐페리(1900-1944)는 나치 독일에 대항해서 전투기 조종사로 전투에 참여했다가 목숨을 잃었다. 2차 세계대전이 일어나기 전에 그는 스페인 내란에 참여해 파시스트들과 싸웠다. 그는 그때의 체험을 바탕으로 〈미소(Le Sourire)〉라는 제목의 아름다운 단편소설을 쓴 적이 있다. 그 소설에 다음과 같은 이야기가 있다.

전투 중에 적에게 포로가 되어서 감방에 갇혔다. 간수들의 경멸적인 시선과 거친 태도로 보아 다음 날 처형될 것이 분명하였다. 나는 극도로 신경이 곤두섰으며 고통을 참기 어려웠다. 나는 담배를 찾아 주머니를 뒤졌다. 다행히 한 개비를 발견했다. 손이 떨려서 그것을 겨우 입으로 가져갔다. 하지만 성냥이 없었다. 그들에게 모두 빼앗겨 버리었기 때문이다. 나는 창살 사이로 간수를 바라보았으나 나에게 곁눈질도 주지 않았다. 이미 죽은 거나 다름없는 나와 눈을 마주치려고 할 사람이 어디 있을 것인가.

나는 그를 불렀다. 그리고는 "혹시 불이 있으면 좀 빌려주십시오." 하고 말했다. 그러나 간수는 나를 쳐다보고는 어깨를 으쓱하고는 가까이 다가와 담뱃불을 붙여 주려 하였다. 성냥을 켜는 사이 나와 그의 시선이 마주쳤다. 왜 그랬는지 모르지만 무심코 그에게 미소를 지어 보였다. 내가 미소를 짓는 그 순간, 우리 두 사람의 가슴속에 불꽃이 점화된 것이다!

나의 미소가 창살을 넘어가 그의 입술에도 미소를 머금게 했다. 그는 담배에 불을 붙여준 후에도 자리를 떠나지 않고 내 눈을 바라보면서 미소를 지었다. 나 또한 그에게 미소를 지으면서 그가 단지 간수가 아니라 하나의 살아 있는 인간임을 깨달았다. 그가 나를 바라보는 시선 속에도 그러한 의미가 깃들어 있다는 것을 눈치챌 수 있었다. 그가 나에게 물었다.

"당신에게도 자식이 있소?"

"그럼요. 있고말고요."

나는 대답하면서 얼른 지갑을 꺼내 나의 가족사진을 보여주었다. 그 사람 역시 자기 아이들의 사진을 꺼내 보여주면서 앞으로의 계획과 자식들에 대한 희망 등을 얘기했다. 나는 눈물을 머금으며 다시는 가족을 만나지 못하게 될 것과 내 자식들이 성장해가는 모습을 지켜보지 못하게 될 것이 두렵다고 말했다. 그의 눈에도 눈물이 어른거리기 시작했다. 그는 갑자기 아무런 말도 없이 일어나 감옥 문을 열었다. 그러고는 조용히 나를 밖으로 끌어내었다. 말없이 함께 감옥을 빠져나와 뒷길로 해서 마을 밖에까지 그는 나를 안내해 주었다. 그리고는 한마디 말도 남기지 채 뒤돌아서서 마을로 급히 가버렸다. 진심이 담긴 한마디가 내 목숨을 구해준 것이었다.

[진심이 담긴 한마디]

진심이 담긴 말 한마디는 감동을 주고 사람의 목숨도 건질 수 있다. 우리는 보통 말이 서툴러서 소통이 힘들다고 생각한다. 하지만 말이 아무리 유창하더라도 말의 무게가 가볍다면 제대로 된 소통이라 말할 수 없다. 진심을 담아 말한다는 건 어려운 일이다. 너무 쉽게 말하면 가볍게 보이고 너무 포장해서 말하면 화려한 말에 진심이 가려지기 때문이다.

진심으로 말한다는 것은 마음이 말에 담긴다는 것이다. 진정성과 절실함이 있으면 아무리 평범한 말이라도 의도가 충분히 전달되어 상대의 마음을 끌어당긴다. 하지만 내뱉는 말이 겉만 번지르르하거나 어디서 주워듣는 말뿐이라면 아무리 유창하게 이야기를 하더라도 말 곳곳에 가벼움과 얄팍함이 배어 나온다.

그렇다면 진심과 절실함이 담긴 말로 상대에게 생각을 전하려면 어떻게 해야 할까? 자기 생각과 마음을 파악하고 자기 생각에 확고한 믿음을 가지고 말을 해야 한다. 자기 생각에 확고한 믿음을 가지기 위해서는 깊이 생각하는 과정을 거쳐야 하는데 내면의 말에 의식을 집중하여 자기 생각을 곰곰이 되풀이해 본 뒤 정말로 하고 싶은 말이 무엇인지 묻고 답할 필요가 있다.

내용을 전하는 데는 어려운 말도, 듣기 좋은 말도, 아름다운 말도 필요하지 않다. 사람의 마음을 움직이는 것은 말하는 사람의 진심과 살면서 축적한 경험이 어우러진 체온이 있는 말이다. 진심과 절실함이 담긴 무게가 실린 말로 상대와 소통하자.

청중의 관점에서 강의를 들을 때면 그 말이 진심인지 아닌지 의외로 쉽게 느껴진다. 간혹 강사가 에피소드를 이야기할 때에 다른 사람의 이야기를 각색하고 있는지 자신의 이야기를 하고 있는지 금방 느껴져서 놀란 적이 많았다. 그래서 나는 강의를 할 때 최대한 진심으로 다가가려고 노력한다.

진심으로 하는 강의라야 청중과 진정한 소통이 가능하다. 강의뿐만 아니라 어떤 방식으로 대화를 하든 진심으로 다가서는 것이 우선이다.

긍정적으로
말하기

긍정 화법은 말 그대로 긍정적인 단어를 사용하여 나뿐만 아니라 상대방에게도 긍정 마인드를 가지게 함으로써 상황을 좋게 풀어나갈 수 있는 대화법이다. 주위에 인기 있는 사람들을 보면 말을 참 잘한다는 공통점이 있다. 그런데 더 자세히 들여다보면 그들은 상대방이 들었을 때 기분 좋은 말들을 잘한다.

어떤 사람들은 자신의 주장만 너무 앞세워서 "그건 아니지~", "네가 잘못 생각하는 거야"라는 식의 부정적인 반응을 보여주는 사람이 있다. 하지만 "그럴 수도 있겠다." 하며 상대방의 의견을 긍정적으로 인정하는 사람이 있다. 이것이 바로 긍정 화법을 이용해 대화를 잘하는 것이다.

우리는 나를 인정해주는 긍정적인 반응을 보이는 사람에게 호감을 느끼게 되는데 말 한마디에 기분 좋은 인연이 될 수도 기분 나쁜 인연이 될 수도 있다. 뜻하지 않게 누군가에게 상처를 주는 말이 있다. 지적할 부분이 있을 때 직설적인 발언이 약이 될 수 있지만 때로는 그 사람을 깔아뭉개고 무시하는 경우가 될 수 있다. 직설적으로 말하고 있다는 것을 모르는 것도 아닌데 알면서도 쉽게 고쳐지지 않는다.

돌려서 또는 긍정적으로 말하는 방법까지도 충분히 알고 있는데 성질이 급해서일까? 직설적으로 핵폭탄을 던지는 경우가 종종 있다. 똑같이 물이 반이 남은 컵을 보고 어떤 사람은 '물이 반밖에 안 남았네' 할 것이고 또 다른 사람은 '물이 반이나 남았네!'라고 말할 것이다.

같은 상황을 긍정으로 보든 부정으로 보든 그것은 보는 사람의 마음이다. 누가 그렇게 시킨 것이 아니다. 모든 일은 마음먹기에 달렸다. 마음가짐에 따라 불행해지기도 행복해지기도 하는 것은 정말 종이 한 장 차이다.

[뇌는 현실과 상상을 구별하지 못한다]

자율신경계는 대뇌 신피질에서 '상상된 것'에 민감하게 반응한다. 자율신경계에서는 그것이 '실제로 존재하는가'는 문제가 되지 않는다. 현실과 상상을 구별하지 못한다. 따라서 자신의 상황과 관계없이 긍정적인 언어 습관을 길들이면 마음이 평온해지고 자신감을 갖게 된다. 딱히 좋은 일이 없더라도 '즐겁다', '행복하다'라고 말하면 실제 생활과 달리 즐겁고 행복하게 느낀다는 것이다. 다른 사람과 긍정적인 대화를 나누어도 역시 자기 자신의 내면에 긍정적이 느낌이 쌓이게 된다.

부정적인 상황을 설명하거나 안내할 때 긍정적인 대화를 사용해보자. 예를 들어 "신분증 사본을 보내주지 않으면 처리가 안 됩니다."라는 부정적인 문장이 아니라 "신분증 사본을 보내주시면 처리할 수 있습니다."라는 긍정적인 문장을 사용하자. 긍정 화법을 사용하면 불가능하다는 말보다 가능하다는 말을 더 많이 사용하기 때문에 상대방으로 업무처리에 신뢰를 느낄 수 있다고 한다. '나쁘지 않다'라는 표현보다는 '좋다'라는 말을 쓰면 상대방에게 좋은 느낌으로 다가갈 수 있을 것 같다. '나쁘다'라는 단순 부정보다도 '좋지 않다'라는 긍정의 부정이 더 나은 것 같다.

둘째 딸이 여기저기 어지럽히고 벽에는 마구 낙서를 해 놓은 적이 있었다. 그 상황에 나는 너무도 화가 나서 뭐라고 말을 해야 하나 생각을 하고 있었다. 그때 첫째 딸이 이렇게 말했다.

"엄마 윤서는 나이가 어린데도 그림을 정말 잘 그리는 것 같아. 우리가 칭찬해주자."

그때 첫째 딸의 말에 어이가 없었지만 생각해보니 괜찮은 의견이었다. 어차피 벽은 이미 더럽혀졌고 아이가 나쁜 의도를 가지고 낙서를 한 것도 아닌데 화내고 혼내는 것이 무슨 의미가 있을까 싶었다. 차라리 그림을 칭찬해주는 것이 낫다고 생각하고 봤더니 정말 그림을 잘 그린 것 같았다. 역시 모든 것은 마음먹기 나름이다. 벽에 낙서 좀 하면 어떤가. 너무 더러워지면 다시 도배하면 된다. 조금만 다른 시선으로 보면 긍정의 화법이 가능하다.

세상을 긍정적으로 바라보는 유연한 태도와 어떠한 주제가 던져져도 흥미롭게 대화할 수 있는 지식, 그리고 꾸준한 연습과 생활 속에서의 실천으로 나만의 긍정 화법을 만들어가자.

> **"**
> 포기하지 마라.
> 저 모퉁이를 돌면
> 희망이란 녀석이 기다리고 있을지도 모른다.
> **"**

– 사이토 시게타 –

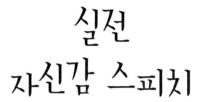

실전
자신감 스피치

_6장

발표
불안증

남 앞에서 말할 때 정도의 차이만 있을 뿐 누구나 긴장을 하기 마련이다. 그런데 '다른 사람들은 아무도 긴장을 하지 않는데 나 혼자만 긴장하고 있겠지'라고 생각하는 경우가 많다. 연구결과에 따르면 4명 중 3명은 사람들 앞에서 발표하는 것에 많은 긴장을 느낀다고 한다. 따라서 발표 불안증을 자연스러운 현상으로 받아들이고 꾸준히 경험을 쌓으면서 철저하게 준비하는 것이 중요하다.

🎤 발표 불안증의 증상

1. 심장이 두근두근한다.
2. 손바닥에 땀이 난다.
3. 입이 마른다.
4. 다리가 후들거린다.
5. 얼굴이 빨개진다.
6. 말소리가 떨리거나 더듬거린다.
7. 얼굴 근육에 경련이 일어난다.

발표할 때 위와 같은 증상을 본인이 직접 경험하기 때문에 그 모습을 청중도 고스란히 볼 거라 생각하지만 그것은 착각이다. 자신이 말하는 모습을 녹화해서 보면 실제 경험했던 것만큼 긴장한 모습은 아니라는 것을 확인할 수 있을 것이다. 이 사실은 자신만만한 모습으로 발표를 마친 사람이 발표가 끝난 후 발표하는 동안 무척 긴장했다는 말을 하는 것을 봐도 알 수 있다.

내가 강사 활동을 막 시작하면서 강의 트레이닝을 받으면서 준비를 했을 때의 일이다. 사람들 앞에서 마이크를 잡고 말해본 경험이 거의 없었기 때문에 마이크를 잡은 손부터가 어색했고 앞에서 내 모습을 촬영하고 있는 상황이 어찌나 부담스러웠는지 모른다. 얼굴은 화끈거리며 발음은 안 되고 빨리 이 상황을 벗어나고 싶은 듯 말의 속도는 매우 빨랐다. 청중들은 아무도 보이지 않았고 내 말에 호응을 해주는 감사한 말도 전혀 들리지 않았다. 강의를 망쳤다는 생각에 실망하며 보기 싫었지만 녹화된 내 모습을 영상을 통해 봤다. 그런데 생각보다 자연스럽게 제스처도 하면서 청중을 바라보면서 진심으로 웃는 모습도 보였고 떠는 것 같지도 않았다. 생각보다 멋진 내 모습에 자신감을 얻었고 내가 떨리는 만큼 상대방에게 전달되지 않는다는 것을 확실히 알았다.

떠는 사람들은 자신이 떠는 모습을 보고 청중이 혹시 자신을 비웃지나 않을까 무시하지 않을까 하는 생각 때문에 점점 사람들 앞에 서는 것을 꺼린다. 하지만 당신이 청중의 입장에서 누군가가 극도로 긴장하면서 발표하는 모습을 보았을 때 어떤 마음으로 지켜보았는지 생각해보라. 분명 발표자가 긴장을 풀고 더 잘 발표하기를 마음으로 응원하며 실수에도 박수를 보냈을 것이다. 청중은 발표자가 떠는 것을 알았다 하더라도 떠는 것 자체를 문제 삼지 않고 대부분 우호적이라는 것을 기억하자.

괴로운 발표 공포증을 극복하기 위해서는 많은 연습과 노력이 필요하다. 당신이 능숙하고 멋지게 발표해낼 날을 기대하며, 발표 공포증을 극복하는 데 도움이 될 4가지 방법을 소개한다.

1. 철저하게 준비하라.

발표 불안증의 정도는 준비 수준과 연습량에 많은 영향을 받는다. 사전에 철저하게 준비하고 반복 훈련을 한 연사는 자신감을 갖고 발표에 임하는 반면, 준비가 부족하거나 연습을 많이 하지 못한 연사는 스스로 위축될 수밖에 없다. 어떤 사람은 원고를 열심히 쓰고 외우면 철저하게 준비를 했다고 생각하는 경우가 있다. 하지만 그 정도로는 충분한 준비가 되었다고 보기 어렵다. 중요한 것은 연단에 오르고 내리는 것까지 포함해 문장 하나하나로 이어지는 스피치 전 과정에서 자세와 목소리 표정 등 자신의 모습을 구체적으로 떠올리면서 준비하는 것이다.

2. 발표 장소에서 미리 연습하기

아무리 연습해도 실전에서는 덜덜 떠는 게 바로 발표 공포증이다.

이런 공포증을 줄이는 방법은 바로 미리 발표할 공간에 가서 그곳을 한 바퀴 돌아보고, 단상에 서서 발표 연습을 처음부터 끝까지 해보는 것이다. 이것은 당신이 예측하지 못한 변수를 줄여줄 것이기 때문에 불안을 다소 완화시켜줄 것이다.

내 경우에도 강의 전날 미리 둘러보고 상상해가면서 준비를 했을 때 훨씬 더 긴장되지 않았고 그렇지 못할 상황에서는 강의 시작되기 10~15분 전에 미리 도착해 청중들과 미리 담소를 나누면서 초조함을 줄였는데 그 방법도 좋았다. 발표 공포증은 바로 청중이 당신을 어떻게 바라볼지, 그들의 시선이 신경 쓰여 극도로 긴장하는 데서 시작되므로 청중과의 벽을 허물고 우호적인 분위기를 만들 수 있도록 발표전, 그리고 발표를 시작한 첫 단계에 그들과 교감하려 노력하자.

3. 긍정적인 결과에 집중하기

발표 공포는 주로 당신이 발표했을 때 부정적인 결과가 나오리라는 걱정에서 시작된다. 과거에 발표에 실패했던 경험 등을 떠올리며 '지난 번처럼 이번에도 실패할 것이 뻔해'라고 생각한다. 하지만 이런 걱정이 오히려 당신의 발표를 망칠 수도 있다. 남들 앞에 설 때 긴장하지 않는 사람은 아무도 없지만, 그 긴장을 극대화 혹은 최소화하는지는 개인의 몫이다. 그러니 부정적 결과보다는 긍정적 결과를 더 많이 상상하고 그에 집중하여 발표에 대한 불안을 최소화하자.

4. 발표 경험을 많이 쌓아라.

기회가 있을 때마다 말하기 경험을 쌓는 것이 발표 불안증을 완화하고 없애는 지름길이라는 것을 결코 잊어서는 안 된다. 평소 자신이 말할 기회에서도 옆 사람에게 다음번에는 꼭 자신이 하겠으니 이번 한 번만 도와주라며 기회를 넘기지는 않았나 생각해보자. 어떤 모임에서 하고 싶은 말이 있었지만, 속으로만 생각하면서 '이런 것까지 굳이 말할 필요는 없을 거야' 합리화하지는 않았는가?

발표에 공포를 느끼는 사람들이 함께 모여 연습해보면 모두가 발표를 두려워하고 있다는 사실에, 그 앞에서 발표하면 불안감이 다소 덜할 것이다. 이런 안전한 환경에서 발표에 익숙해지는 것 또한 청중 앞에서 발표를 하는 데 도움을 준다. 함께 한 단계 한 단계씩 나아가며 서로 조언을 해주고 자신감을 쌓는 데 도움 주는 공동체를 만드는 것도 큰 도움이 된다.

모임에서
자기소개

자기소개는 모든 스피치의 기본이라고 해도 과언이 아니다. 하지만 가장 어려운 것이 자기소개가 아닐 수 없다. 나는 나에 대해 가장 잘 알고 있는 사람인데 왜 그런 나를 소개하는 것이 그토록 어려울까? 나보다는 오히려 더 자세히 알지 못하는 다른 사람을 소개하기가 쉽다.

1분 정도의 TV 광고를 만들기 위해 엄청난 돈과 시간과 사람들이 필요하듯이 나를 광고하는 자기소개도 그만한 노력을 지불해야 한다. 다양한 방법과 아이디어로 구상하여 자기 자신을 사람들에게 효과적으로 기억에 남도록 알려야 한다.

자기소개에서 가장 중요한 것은 밝은 표정과 자신감 있는 태도, 힘 있는 목소리로 재치 있는 말을 하는 것인데 지금까지 이 책에서 배운 것들이 모두 모여 하나가 된다고 생각하면 되겠다.

"안녕하세요. 반갑습니다."로 먼저 인사를 할 때는 말과 행동을 따로 하는 것이 더 당당해 보인다. 정중하게 인사를 한 다음 인사말을 하거나, 인사말을 한 후 인사를 하는 것이다. 그런 다음에는 자신의 이름을 밝히고 자신의 출신이나 소속, 전공, 취미, 특기, 모임에 참석하게 된 동기, 앞으로의 계획 등을 상황에 맞추어 말을 한다.

"감사합니다, 앞으로 잘 부탁드립니다. 열심히 하겠습니다." 등 끝인사로 마무리를 하면 된다.

여기서 가장 어렵고 중요한 것이 바로 자신의 이름을 어필하는 것이다. 백장미, 나신중, 한미모, 배우리 등과 같이 한번 들으면 기억에 남고 특이한 이름을 가지고 있으면 당연히 좋겠지만 나처럼 평범하고 흔한 이름을 가지고 있다면 더욱 어렵다. 우리 부모님은 왜 이렇게 흔해 빠진 이름을 지어주셨을까 차라리 개명해버릴까 원망하고 실망하기보다는 재미있게 어필할 방법을 고민해보자. 이름의 한자를 풀어서 설명하거나 삼행시를 지어서 설명해도 좋고 연예인이나 꽃, 동물 등에 비유하는 것도 기억하기 쉬운 방법이다. 또한 이름에 얽힌 에피소드가 있다면 적극적으로 활용하자. 상대방이 자기의 이름을 자주 말하게 한다면 자신의 존재는 이미 상대방의 마음속에 자리 잡고 있는 것이다. 다음 예시는 강의하면서 실제로 만났던 분들의 이름 소개법이다.

송혜원 송혜교 언니 송혜원입니다.

김우성 정우성은 아니고요. 정우성을 닮은 김우성입니다.

박수진 박수를 치고 진입니다(처음에는 무슨 뜻인지 이해하지는 못했다).

하진호 한번 빠지면 헤어나올 수 없는 카지노 같은 남자 하진호입니다.

이영일 (칠판에 2, 0, 1을 쓰고) 제 이름입니다.

김동우 겨울비 김동우입니다.

김진주 진주같이 하얀 얼굴이 되고 싶은 김진주입니다.

자기소개 스피치를 잘하려면 자기소개서를 써보아야 한다. 여기서 자기소개서는 취업을 위한 자소서하고는 전혀 느낌이 다르다. 객관적인 정보 위주보다는 주관적인 요소를 주로 해서 인간적인 면을 드러내게 작성하는 것이 좋다. 보통은 출생, 성장 과정, 태어난 지역의 특성이나 가족, 성격이나 특이한 습관 등을 적는다. 그리고 학창 시절의 이야기, 전공이나 꿈 등이 있다. 끝으로 사랑 이야기도 즐겨 듣는 항목 중 하나다.

3 즉석 스피치

　살아가면서 아무런 준비가 되지 않은 상태에서 이야기할 때가 생긴다. 축하 모임, 송년회, 회갑연, 회의자리 등등 각종 모임에 참석해 한마디라도 해야 할 때가 있다. 즉석스피치는 다양한 지식을 자랑하는 자리도 아니고 다방면의 정보를 제공해야 하는 것도 아니다. 실제 내가 속해 있던 모임에서 자신의 학벌과 경력을 과시하며 선거에 출마를 선언하셨던 분이 계셨는데 흥겨운 분위기가 순식간에 굳어지며 당황한 적이 있다. 충분히 준비가 되어있지 않은 상태에서 분위기와 맞지 않게 출마 선언을 했으니 모두 당황하게 된 것이다.

　그러한 상황에 조금이라도 익숙해지기 위한 최고의 방법은 마음의 준비를 하는 것이다. 마음의 준비를 한다는 것은 예를 들어 어떤 모임에 참석하게 되었는데 이 모임에서 혹시 내가 지명받게 된다면 무슨 말을 할지 고민하고 간략하게 준비를 해두는 것이다.

　송년회나 신년회 같은 모임이라든지 토론이나 회의 시에 어떤 화제가 가장 적당할지, 또는 지금 토의하고 있는 제안을 찬성할지 반대할지 만약 찬성한다면 나는 어떻게 표현하는 게 좋을까 이런 생각을 하면서 준비해야 한다. 그런데 만약 너무도 갑작스럽게 마음의 준비조차 할 수 없을 만큼 바로 즉석에서 스피치를 해야 할 상황이 올 수도 있다.

이런 경우에 즉석스피치를 잘할 수 있는 다섯 가지 방법을 소개한다.

1. 청중에 대해서 생각하라.

모인 사람들이 어떤 사람들이고 주로 무슨 일을 하는 모임인지 파악하는 것이다. 만약 무슨 모임인지 알고 있다면 그들이 하는 가치 있는 일에 관해 이야기하며 청중에 대해 존경을 표하자.

2. 그 자리의 분위기나 특수성을 파악하라.

그 모임이 열리게 된 경위나 그 모임이 다른 모임과는 뜻이 다른 특수성의 모임이라는 것을 언급하는 것도 좋다. 그것은 어떤 기념식의 모임이든, 축하의 모임이든, 문학적이 모임이든 간에 그 모임에 대해서 느낀 바나, 그 모임의 칭찬 들을 이야기하는 것이 좋다.

3 다른 연설자를 언급

첫 번째와 두 번째 상황도 생각이 나지 않는다면 먼저 끝낸 다른 연설자의 이야기를 주의 깊게 듣고 그 말에 찬성을 나타내며 그것을 확대하는 것도 좋은 방법이다. 그러면 그것은 정말 그 자리에서 생각한 즉석 스피치가 되고 사람들은 그 스피치는 그 자리를 위해서 그리고 그 자리에 참석한 사람들을 위해서 만들어진 이야기라고 아주 많이 만족해할 것이다

4. 한 가지 주제를 잡자.

주어진 시간도 짧은데 몇 가지 주제를 중구난방으로 이야기해서는 안 된다. 짧은 연설을 통해서 당신이 말하고자 하는 한 가지 메시지만 제대로 전달하자.

5. 이야기하듯 하라.

즉석에서 요청받은 한 말씀이라면 비공식 스피치라 할 수 있다. 따라서 지나치게 격식을 갖출 필요 없이 자연스럽게 이야기를 풀어가는 편이 낫다. 한 말씀 한다고 해서 목에 잔뜩 힘을 주고 '친애하는 동료 여러분' 식으로 말해선 안 된다. 대통령이 TV에 담화문을 발표하듯이 해서는 곤란하다는 이야기다. 친구나 가족을 앞에 두고 자연스럽게 이야기하듯 해야 말이 술술 잘 나온다. 이야기하듯 말하라는 것은 본 대로 느낀 대로 말하라는 것이다. 즉석에서 스피치를 요청받아 긴장

될 때는 '전혀 예상치 못했는데 갑자기 마이크를 잡게 되는 무척 긴장
되네요.'라고 솔직히 말하면 된다. 그런 다음 앞에서 말한 대로 한 가
지 주제를 이야기하듯 전달하면 충분하다.

4 면접에서

필기시험까지는 거뜬히 합격하지만 유난히 면접관 앞에만 서면 머리가 하얗게 되고 무슨 말을 해야 할지 모르는 백지상태가 되는 사람들이 있다. 아무리 스펙이 화려하고 필기시험에 합격해도 면접을 제대로 보지 못하면 원하는 회사에 취업할 수 없으므로 면접을 대비해 충분히 준비하고 연습해야 한다.

홈페이지를 보면 회사마다 원하는 인재상이 조금씩 다르다. 면접을 준비할 때는 당연히 그런 것을 참고해야 한다. 그런데 엄격히 말하면 회사에서 필요한 인재상을 뽑는다기보다는 면접관이 본인 마음에 드는 사람을 뽑는다는 것이 맞을 것 같다. 너무나 다양한 면접관이 존재하고 있으므로 그 사람들 마음에 들기는 어렵고 그들이 모두 똑같은 조건으로 뽑지는 않기 때문에 더욱 어렵다.

물론 면접관 나름대로 사람을 뽑는 기준은 당연히 있을 것이고 그 기준에 따라 채점이 매겨지지만, 결론적으로는 자기 마음에 드는 사람을 뽑게 된다. 시험에 통과하여 입사를 하게 되면 나를 심사하던 면접관들도 나의 상사가 되는데 그들은 자기와 함께 일하면서 말썽 없이 무난하게 협력을 잘하면서 일할 수 있는 사람을 뽑지 절대 나 잘났다고 잘난 척하는 아랫사람은 뽑지 않는다. 입장을 바꿔 면접관의 입장에서 생각을 해보면 쉬울 것이다.

자신감 상승이 지나쳐 잘난 척을 한다든지 자기주장을 강하게 내세우는 모난 성격의 사람은 면접에서 유리한 점수를 얻기는 어렵다. 면접은 기업의 마음을 움직이는 게 아니라 바로 당신을 뽑아줄 면접관 그 사람의 마음을 움직일 줄 알아야 진짜 면접을 잘 보는 것이다.

다음은 면접의 상황에 따른 주의할 점이다.

1. 면접관과 1대1 면접을 볼 때

이런 경우 대체로 면접을 보는 시간이 긴 편이다. 그래서 어떤 질문을 받게 될지 모르기 때문에 더욱 철저히 준비해야 한다. 회사의 홈페이지를 통해 미리 다양한 정보를 알고 면접에 임하고 가능한 많은 정보를 얻고 있는 것이 중요하다.

2. 다수의 면접관과 면접을 볼 때

지원자들의 수는 많은 데 비해 적은 인원을 채용할 때 이와 같은 면접을 진행한다. 이때는 지난 경험과 연관 지어 자신의 경쟁력을 드러내는 것이 좋다. 간혹 어떻게 답변해야 할지 몰라 난감함을 느끼는 압박 면접을 진행하는 곳도 있다. 그러니 예상 질문들을 통해 충분히 연습할 수 있다.

3. 면접관 지원자 모두 다수일 때

이때는 최대한 답변을 짧게 하는 것이 좋다. 단 임팩트가 있는 정확한 요점을 이야기하는 것이 필요하다. 다른 사람이 더 답변을 잘한다고 기죽을 필요는 없다. 면접이 끝날 때까지 면접관과 다른 지원자들의 답변에 집중하도록 하자.

면접을 보는 상황과 관계없이 중요하게 생각해야 할 부분이 있다. 본인의 말투, 자세, 태도, 표정 등 겉으로 보이는 모든 것에 신경을 쓰는 것이다. 또한, 아무리 철저히 준비했다고 하더라도 면접 시간에 늦게 되면 면접을 볼 기회조차 주어지지 않는다. 면접관의 질문을 받았을 때는 자신 있고 분명하게 답변하고 자신만의 강점을 충분히 어필할 수 있도록 하자. 이와 같은 부분들에 신경을 쓰면 충분히 면접을 잘 볼 수 있다.

회의할 때

회의는 두 사람 이상이 대면하여 어떤 문제에 대한 해결책을 찾기 위해 상호보완적으로 결론을 끌어내는 이야기 방식으로 정보와 의견을 교환하는 과정이다. 회의에 참여하는 사람은 각자 자신이 가진 정보와 의견을 제시하고 다른 사람이 제시하는 정보와 의견을 평가함으로써 당면 문제를 해결하거나 정보를 체계화하고 아이디어를 공유한다.

회의는 싸워서 이기는 게임이 아니고 체계적이며 협동적이고 서로 함께 생각해 나가는 커뮤니케이션의 과정이라 할 수 있다. 상대가 아무리 자신보다 못한 처지에 있는 사람이라 하더라도 당신은 우쭐대는 말을 해서는 안 된다. 그 한 마디로 당신 이미지에 금이 갈 뿐 아니라 상대에 상처를 줄 수 있기 때문이다. 우리는 어떠한 경우라도 말로써 상대를 당황케 하거나 상처를 주는 일은 피해야 한다.

"그 부분의 요점은 그게 아니에요."
"지금 잘 이해를 못 하고 계신 것 같은데요."

"아직도 그걸 모르고 계시네요."

"동문서답을 하고 계시는 상황입니다."

이렇게 말하는 것보다 상대가 이해하지 못하는 부분은 자세하게 설명을 해주면 되고 굳이 가르쳐 주지 않아도 되는 것은 모른 척하고 있으면 그만이다. 그런데도 공연히 아는 척을 해서 상대에게 상처를 주고 일을 그르치는 경우가 우리 주위에는 허다하다.

나의 지인은 여자 친구에게 문자를 보낼 때마다 여자 친구가 맞춤법을 지적해서 되도록 문자를 보내지 않으려고 노력한다고 한다. 진짜 몰라서 잘못 보내는 경우도 있지만, 오타로 잘못 보내는 경우도 많았는데 그걸 가지고 여자 친구는 항상 지적하며 짜증을 냈다고 한다. 사랑하는 여자 친구에게 들어도 기분이 안 좋은 이 지적이라는 것을 굳이 다른 사람에게까지 할 필요가 있을까?

상대의 잘못된 말, 맞춤법이 틀린 말도 그냥 듣고 넘겨라. 그 자리에서 아는 척 상대의 잘못을 지적해 주는 것은 옳지 않다. 현명한 사람은 상대의 잘못을 모른 척해주는 사람이다.

영국의 체스터필드 경은 말했다.

"상대방을 가르치려 들지 말라. 상대방보다 현명해지도록 노력하라. 그러나 자기의 현명함을 상대방에게 눈치를 채게 해서는 안 된다."

세일즈할 때

성공한 영업사원을 보면 하나같이 고객을 가족처럼 대하고 깊은 인상을 심어주려고 노력하는 것이 성공의 비결이라고 말했다. 고객에게 안부 전화는 물론 생일이나 기념일에 카드를 보내고 때로는 정성껏 편지를 쓰기도 한다는 것이다.

판매는 단순히 고객과 만나는 그 순간에 말을 잘한다고 해서 이뤄지는 것이 아니다. 판매가 목적일 경우 이를 바로 드러내는 것은 효과적이지 못하다. 고객에 따라 약간의 차이가 있기는 하지만 판매를 목적으로 친절을 베푼다는 사실을 깨닫는 순간 경계하는 마음이 생기기 때문이다.

세일즈를 하는 사람은 당장의 선심이나 친절이 바로 판매로 이어질 거라는 성급한 마음을 버려야 한다. 고객이 어느 순간 스스로 그 물건을 선택하도록 좋은 인상만 심어주는 것이 성공의 관건이다. 다른 사람을 설득할 때에는 어떤 경우에도 절대 성급하게 굴어서는 안 된다. 그 자리에서 당장 팔겠다거나 설득을 시켜서 당장 대답을 받아내야 한다고 생각할 때 세일즈는 실패한다. 약간의 호감이 있어서 사려는 마음을 가지고 있던 사람도 이런 식으로 응대하면 사고 싶었던 마음이 싹 달아날 것이다.

또한 세일즈를 하는 사람은 적어도 자기가 판매하려는 제품의 기능이나 성분을 철저히 알아두어야 한다. 파는 사람도 모르는 제품을 선뜻 사줄 어리석은 고객은 없다. 팔고자 하는 물건에 대해 철저히 파악하는 일이야말로 고객의 신뢰감을 얻는 지름길이다. 그렇지 않고 경쟁사의 제품을 험담하거나 비하하는 얘기를 하는 경우가 있는데 그렇다 하더라도 그것이 자사 제품에 대한 호감으로 이어지는 것은 아니다. 자신이 취급하는 제품을 잘 설명하고 자사의 장점을 홍보할 때 고객은 마음을 더 열고 영업자의 말에 귀 기울이게 된다.

다음으로 세일즈를 하는 사람은 표정 관리를 철저히 해야 한다. 때로는 자존심이 상하는 일도 있을 것이고 기분이 상하는 상황도 있을 것이다. 사람은 강한 것 같으면서도 약하기 때문에 계속해서 미소를 지으면 까다로운 사람의 마음까지도 사로잡을 수 있다. 물론 미소 작전 역시 장기전을 펴야 한다. 생전 웃지도 않던 사람이 아쉬우니까 갑자기 생글생글 웃으며 나타나는 것만큼 얄미운 것은 없다. 언제 보아도 웃는 얼굴을 하고 있으면 언젠가는 상대방의 마음이 움직일 것이다. 특히 우리나라 사람은 미소 짓는 데 서툴기 때문에 평소에는 언제 보았냐는 듯 쌀쌀맞은 얼굴을 하고 있다가 아쉬우면 갑자기 웃으면서 나타나는 실수를 범하는 경우가 많은데, 이렇게 해서는 고객의 마음을 움직이지 못한다.

또 서비스의 종류에 따라 어린이 고객을 만나는 경우도 있다. 그런데 어린이가 나이가 어리다고 무시하거나 쉽게 대하는 경우가 있는데 주의해야 한다. 어린이도 엄연한 고객이다. 어린이 고객을 대할 때도 다른 고객과 마찬가지로 존중하는 언어로 대해야 한다. 어린이를 무시하는 말을 하는 것은 주변의 다른 고객에게도 안 좋은 인상을 남긴다.

세일즈에 성공하려면 다음의 7가지를 기억하자.

1. 상대의 눈을 똑바로 바라본다.
2. 확신하고 크게 말한다.
3. 생략 없이 완전한 문장으로 말한다.
4. 자세를 꼿꼿하게 유지한다.
5. 서두르지 말라.
6. 미소를 잃지 말라.
7. 판매 제품을 정확하게 숙지하라.

사회 보는 법

사회생활이나 혹은 조직 생활을 하다 보면 각종 모임의 사회를 볼 기회가 생긴다. 친한 친구 결혼식 사회부터 우리 회사 워크숍이나 송년회 진행까지 직접 마이크를 잡아야 하는 순간들이 많이 있다. 하지만 경험이 없어서, 어떻게 진행해야 할지 몰라서 망설이게 되는 경우가 종종 있다. 사회를 맡아서 진행한다는 것은 그만큼 어려운데 어떻게 하느냐에 따라 성패가 좌우된다. 전쟁터를 지휘하는 장군이 있듯이 그 행사를 지휘하는 몫은 전적으로 사회자에게 달려있다. 하나하나 배우다 보면 자신감 충전으로 이어진다.

사회자는 어떠한 상황에서도 흔들림 없이 청중들이 편안하고 즐겁게 관전할 수 있도록 돕는 역할을 한다. 미국의 TV 토크쇼 진행자 토니 커슨은 "반드시 존재하면서도 반드시 존재할 필요가 없는 듯이 행동하는 것이 사회자의 가장 좋은 태도"라고 말했다. 자연스럽고 겸손한 태도로 참석자에게 거부감을 보여서는 안 되는 것이 가장 중요하겠다.

사회 보는 10가지 주의사항을 알아보자.

1. 원고는 직접 작성하라.

다른 사람이 작성해준 원고는 아무리 잘 짜여 있다고 하더라도 내 입에 쉽게 붙지 않는다. 행사의 전반적인 상황들을 상상하면서 본인이 직접 작성해야 한다. 나는 최대한 짧고 간결하게 작성을 하고 실전에서 즉석 즉흥적 대사를 할 수 있는 틈을 마련해 두었다. 처음부터 끝까지 너무 자세하게 작성한 원고는 공감을 얻기가 어렵고 돌발 상황에 대처하기도 힘들다.

2. 식장의 분위기, 행사의 성격, 청중의 분석 등을 면밀하게 파악한다.

사회자는 행사의 성격과 내용을 완전히 파악하고 행사장에 미리 도착하여 마이크의 성능, 음량, 음향 등을 점검하고 식장 내의 동선을 미리 파악해야 한다.

3. 내빈 소개가 중요하다.

행사의 성격에 따라 무게감 있는 내빈을 소개해야 하는데 소개해야 할 순서를 미리 정확히 파악하자. 내빈을 소개할 때는 직함과 이름이 틀리지 않도록 특히 주의해야 한다. 실제로 내가 진행했던 행사에서 관장님을 과장님으로 소개한 적이 있었다. 지회장님을 지사장님으로 표현한 적도 있었다. 물론 행사는 잘 진행되었지만 그렇게 민망한 순간이 또 없었다.

연사를 청중에게 소개하고 연사의 권위를 치켜세워 주는 것도 사회자의 몫이다. 연사를 소개할 때 말에 힘을 줘서 크게 말하면 청중들이 더 집중할 수 있고 큰 박수를 유도하는 효과가 있다. 반대로 힘없이 소개하거나 대충 소개한다면 청중들이 연사에 대할 때 집중도가 흐트러질 수밖에 없다.

사회자는 조연이다. 절대 주연이 아니다. 개인적인 말을 많이 하는 것은 곤란하다. 내가 만났던 사회자는 자신의 방송 출연 경력과 개인기를 소개하느라 정식으로 시작도 하기 전에 지쳐버리게 했던 경우가 있었다. 자신이 사회자인지 연사인지 구분하지 못해서 생긴 일이다.

진행 순서에 집중하면서 그 속에서 에피소드를 찾아 멘트를 하는 것이 현장감이 있어서 좋다. '정말 멋진 무대였습니다'보다는 '어떠어떠한 상황이 특히 돋보이는 무대였습니다'가 더욱 좋겠다.

7. 사회자는 복장과 언어 선택 하나하나에 각별한 신경을 써야 한다.

사회자는 명랑해야 하고 유머를 사용할 줄 알아야 한다. 알기 쉬운
언어를 사용하고 세련되고 긍정적인 화법을 사용해야 한다. 행사의
성격에 맞는 색채 선택도 매우 중요하다. 예를 들면 증권회사에 관련
된 행사에서 하락을 나타내는 파란색 옷을 입는다면 준비 못한 사회
자라고 할 것이다. 실제로 야구팀에 행사를 갔던 사회자가 상대 팀의
응원복 색상을 입고 가서 등장하는 순간 야유를 들었던 일도 있다.

8. 돌발 상황을 예측하라.

모든 순간에 돌발 상황은 있다. 당황하지 않고 자연스럽게 이끌어
가는 능력이 필요하다.
판단력이 정확하여 흔들림 없이 유머와 함께 대처한다면 더욱 좋겠다.

9. 짧고 임팩트 있는 멘트를 하자.

자칫 길고 연관 없는 사회자의 멘트에 청중들은 쉽게 지치고 지루
해하기도 한다. 따라서 같은 말이라도 다르게 표현할 줄 알아야 한다.

박수 유도 멘트의 예를 들면 다음과 같다.

1. 열정적인 박수를 ~

2. 뜨거운 박수를 ~

3. 감사의 박수를 ~

4. 사랑의 박수를 ~

5. 힘찬 박수를 ~

6. 격려의 박수를 ~

7. 축하의 박수를 ~

8. 아낌없는 박수를 ~

9.　　　~ 부탁드립니다.

10.　　　~ 환영해 주시기 바랍니다.

11.　　　~ 청해보겠습니다.

12.　　　~ 맞이하겠습니다.

> **"**
>
> 그들이 당신을 뭐라고 부르는지는
> 중요한 것이 아니다.
> 문제는 당신이 그들에게
> 뭐라고 대답하는가이다.
>
> **"**
>
> - W.C 필즈 -

| 맺음말 |

독일 시인 요한크리스토프 프레데릭 폰 실러는 "인간은 스스로 값을 매긴다. 그리고 자신이 매긴 가격대로 대접받는다. 자신의 의지에 따라 위대해지기도 하고 초라해지기도 한다."고 했다.

사람들 앞에서 말을 한다는 것은 어떤 의미일까? 어떻게 말을 하든 사람들은 말하는 사람의 말에 값을 매기기 마련이다. 말 한마디로 천 냥 빚을 갚는다는 말이 있듯이, 천 냥의 값어치를 하는 말이 있고, 열 냥의 값을 하는 말이 있다. 그 값을 매기는 건 상대방이지만 그렇게 가격이 매겨지는 건 그 사람이 어떻게 말을 했느냐에 따라 달라지기 마련이다.

사람들 앞에서 말을 하는 직업을 갖게 되면서 나는 나의 말이 천 냥 만 냥의 값어치를 갖게 되기를 바랐다. 그래서 그렇게 되기 위해서 끊임없이 노력을 했다. 그 덕분에 전보다 훨씬 더 발전된 내 모습에 놀라기도 하고 급기야 말하기에 관한 책을 쓰게 되었다.

물론 나는 아직도 말하기가 쉽지 않다. 항상 강의가 있는 날이면 긴장이 되고 강의안을 보고 또 보게 된다. 내가 하는 말의 무게와 영향력을 아는 까닭에 언제나 방심할 수가 없다.

우리는 말을 통해 서로 의사소통을 한다. 말에는 나의 에너지가 담겨있고, 그 에너지에는 나의 생각과 감정과 마음이 고스란히 담겨있다. 말을 통해 서로 긍정적인 에너지를 교류하고 싶다.

이 책을 통해 많은 분들이 마음속의 숨은 열정과 당당함을 끌어내어 긍정의 에너지로 말의 힘을 크게 회복하였으면 좋겠다. 책을 쓰는 동안 내가 가진 에너지를 아낌없이 쏟아부었기에 아쉬운 부분도 있지만 후회는 없다. 책의 내용을 현실에서 적용하고 실천하는 것은 독자의 몫으로 남겨둔 채 이만 마침표를 찍는다.

당당하고 자신감 있게 말하며 더 빛나는 당신이 되기를 바라며.